AF314568

ESSAIS
SUR
LES PRINCIPES
DE
L'HARMONIE,

OÙ L'ON TRAITE

De la Théorie de l'HARMONIE en général,
Des Droits respectifs de l'HARMONIE & de la MELODIE,
De la BASSE FONDAMENTALE,
Et de l'Origine du MODE mineur.

Par Monsieur SERRE.

Opinionnm commenta delet dies, naturæ judicia confirmat. *Cic.*

A PARIS,

Chez PRAULT Fils, Quai de Conty, vis-à-vis la Descente du Pont-Neuf, à la Charité.

M. DCC. LIII.
Avec Approbation & Privilege du Roi.

AVERTISSEMENT.

L'EXPERIENCE témoigne assez combien les Artistes les plus consommés dans leur Art sont peu propres ou peu disposés à en donner au Public une véritable Théorie.

Cette Observation qui reléve le mérite de ceux, qui, comme M. Rameau, se sont illustrés par leurs spéculations, aussi-bien que par leurs talens, me paroît une excuse assez légitime en faveur des Personnes qui osent penser & publier leurs réflexions sur la Théorie d'un Art dont ils ne font pas profession.

C'est sur ce fondement que j'espere quelque indulgence de la part des Amateurs de l'Harmonie, qui pourront lire ce petit Ouvrage.

Les trois Essais qui le composent n'ont guéres d'autre connexion entre eux que celle du sujet, de l'Harmonie en général.

Le premier est une espéce de Dissertation préliminaire sur la possibilité & sur l'utilité d'une Théorie philosophique de l'Harmonie.

AVERTISSEMENT.

Je devois à M. de Blainville une Réponſe à ſa Diſſertation *ſur les Droits de la Mélolodie & de l'Harmonie* ; & au Public une Explication un peu développée de mes idées ſur la Baſſe fondamentale & ſur le fondement des Accords diſſonnans. C'eſt l'occaſion & la matiere du deuxiéme Eſſai.

Dans le troiſiéme, j'examine l'Origine ou le Principe du Mode mineur.

Je dois avertir ceux qui n'enviſagent l'Harmonie & la Compoſition muſicale que du côté de la Pratique, qu'ils peuvent ſe diſpenſer de lire un Ouvrage qui n'eſt pas fait pour eux (*a*). J'écris principalement pour ceux qui, à une connoiſſance du moins légére des Régles de la Compoſition, joignent quelque habitude du Calcul des Rapports numériques ; pour ceux à qui les Ouvrages de Théorie muſicale déja publiés ne ſont pas abſolument inconnus ; pour ceux enfin qui ne ſont pas inſenſibles au plaiſir de

(*a*) Les Amateurs de la *Pratique* de l'Harmonie doivent ſouhaiter que le célébre M. Geminiani veuille bien-tôt publier un Livre compoſé pour eux, & dont le titre eſt déja aſſez connu : je parle de l'Ouvrage qu'il intitule Guide Harmonique, (*Guida Armonica*), à la compoſition duquel on ſait qu'il a conſacré au moins vingt ans de travail & de méditation.

découvrir le fondement des Opérations de l'Art musical, & les divers principes des sensations ou des émotions agréables que cet Art charmant leur fait éprouver.

Je me flatte au reste qu'on ne prendra point en mauvaise part la liberté que j'ai prise de dire ma pensée au sujet de quelques Articles de la Théorie musicale de M. Euler, aussi-bien que sur plusieurs Points de celle de M. Rameau : j'ai tâché de le faire avec les égards dûs au mérite & à la célébrité de ces deux grands Hommes, sans sacrifier ceux que j'ai cru devoir à la vérité.

On trouvera à la fin de ce Volume deux Ecrits qui ont déja paru dans le Mercure : j'ai cru devoir les réimprimer ici, en conséquence du rapport naturel qu'ils ont avec la matiére de ces Essais. J'ai tâché de suppléer par quelques *Notes* à l'extrême concision du premier de ces deux petits Ecrits ; j'espére que ce qu'il pourroit y avoir encore d'obscur dans l'un ou dans l'autre, se trouvera suffisamment éclairci après la lecture des Essais qui composent cet Ouvrage.

TABLE

DES ARTICLES CONTENUS
DANS CES TROIS ESSAIS.

PREMIER ESSAI.

TABLE.

TABLE.

TROISIEME ESSAI.

ERRATA,

Page 104, *l.* 13, plutôt, *liſ.* peut-être. Page 112, *l.* 20, effacez la *Reſonnance de.* Voyez encore à la fin de ce Volume.

APPROBATION.

J'Ai lû par ordre de Monſeigneur le Chancelier, un Manuſcrit intitulé : *Eſſais ſur les Principes de l'Harmonie, &c.* & il m'a paru qu'on pouvoit en permettre l'impreſſion. A Paris, ce 9 Août 1752. BARTHELEMI.

ESSAIS
SUR LES PRINCIPES
DE
L'HARMONIE.

PREMIER ESSAI.

Réflexions sur la Théorie des Arts en général, & en particulier sur celle de l'Harmonie.

Omnes Artes quæ ad humanitatem pertinent, habent quoddam commune vinculum, & quasi cognatione quâdam inter se continentur. *Cic. pro Arch. Poet.*

C'Est un sentiment assez généralement reçu, qu'une Théorie philosophique de la Musique ne peut être qu'une spéculation séche & stérile, peu propre par elle-même à nous procurer l'intelligence-pratique de l'Harmonie, & incapable à plus forte raison de devancer l'oreille dans la découverte de quelque agréable nouveauté musicale.

A

Quelque commun que puisse être ce sentiment, il ne m'a point paru démontré ; j'ai présumé au contraire que les suggestions de l'oreille tenoient à quelques Principes extrêmement simples ; que ces Principes une fois bien connus & bien suivis, pourroient non-seulement servir à rendre raison de tout ce qui se pratique en fait d'Harmonie, mais indiquer encore les routes que l'oreille suit comme par instinct dans l'enchaînement de ses meilleures productions.

J'ai pensé en conséquence qu'il ne falloit pas desesperer d'arriver à une Théorie curieuse & féconde de la Musique, & particuliérement de l'Harmonie, à une Théorie qui nous mît en état non-seulement d'expliquer, d'évaluer, mais de prévenir encore les opérations de l'oreille.

Une telle Théorie m'a paru également digne des recherches du Philosophe & du Musicien, & j'ai souhaité de pouvoir en acquerir quelque connoissance presqu'aussi-tôt que j'ai été sensible au plaisir musical.

Ce desir m'a fait lire avec avidité les Ouvrages qui m'ont paru les plus propres à me donner cette satisfaction (a) ; & c'est à l'aide des lumieres que j'en ai tiré, & des réflexions que j'ai faites sur ce que j'ai cru y remarquer de défectueux, que j'ai tâché de me former, s'il étoit possible, une Théorie de l'Harmonie plus simple & plus lumineuse, une Théorie qui

(a) Particuliérement celui de M. Euler, illustre Mathématicien intitulé : *Tentamen novæ Theoriæ Musicæ.* Petropoli, 1739, de même que ceux du célébre M. Rameau.

fût en même temps plus géométrique & plus analogue à la Pratique que celles qu'on trouve dans les Ouvrages qui font venus à ma connoiſſance.

Diverſes conſidérations ne me permettent pas d'entreprendre de traiter réguliérement ou ſyſtématiquement un ſujet auſſi étendu & auſſi difficile; j'ai cru pouvoir cependant propoſer aux Amateurs diſpoſés à réflechir ſur cette matiere quelques-unes des idées qui peuvent faire appercevoir la poſſibilité d'une Théorie muſicale qui fût véritablemeut philoſophique.

Je crois devoir débuter ici par quelques réflexions ſur l'importance des bonnes Théories des Arts en géneral, & particuliérement ſur l'utilité de celle de l'Harmonie.

Le ſiecle où nous vivons nous offre un grand nombre d'agréables preuves de l'importance des Théories exactes, des Théories juſtement ainſi nommées; ces preuves ſe préſenteront aiſément à l'eſprit de ceux qui ſont en état de comparer l'état préſent des Sciences phyſico-mathématiques, & des Arts qu'elles éclairent avec celui où elles ſe trouvoient il y a deux ſiecles.

De quelle utilité n'ont pas été les ſpéculations Philoſophiques d'un Copernic, d'un Kepler, d'un Bacon, d'un Boyle, d'un Deſcartes, d'un Newton & de divers autres grands hommes? C'eſt à la ſagacité & à la juſteſſe géométrique de leur eſprit que nous ſommes redevables & du beau jour dans lequel nous

A ij

voyons préfentement le Syftême de l'Univers, & des
progrès confidérables que nous avons faits dans les
Sciences & dans les Arts les plus utiles à la Société.
Confultez l'habile Chymifte, le favant Médecin, le
Pilote intelligent & tous les Artiftes éclairés, vous
en trouverez peu qui ne reconnoiffent les obligations
que nous avons aux grands hommes qui fe font illu-
ftrés par les découvertes théoriques qu'ils ont faites
foit en Phyfique, foit en Mathématiques.

Il eft malheureufement vrai que les fruits d'une
bonne Théorie font ordinairement tardifs : quelque
fimples, quelque lumineux qu'en foient les principes,
l'application n'en eft pas également facile dans tous
les cas ; il en eft de fi fcabreux & de fi compliqués que
le réfultat des Principes fe dérobe fouvent à tout calcul humain, ou ne s'y rend du moins que très-difficilement. Quelque folide, par exemple, quelque complette que foit, à l'égard des mouvemens céleftes,
la Théorie de la Gravitation dûe aux Spéculations &
aux Calculs de Kepler & de Newton, les irrégulari-
tés apparentes du mouvement de la Lune n'ont été
exactement & rigoureufement expliquées par cette
Théorie que très-récemment, à l'aide des méthodes
les plus ingénieufes & d'un calcul immenfe.

Une autre caufe bien différente de la lenteur des
fruits d'une bonne Théorie, c'eft le peu de docilité
de la plûpart des Artiftes, qui entiérement livrés à
la pure Pratique, ou, ce qui eft encore pis, à des
Théories fauffement ainfi nommées, font portés à

méprifer des lumieres nouvelles qu'il leur feroit ou
trop difficile d'acquérir, ou trop fâcheux de devoir
à gens moins exercés dans la Pratique : ils attendent
que la voix publique les contraigne à rendre juftice
au mérite d'une découverte. Ce n'eft qu'alors qu'on
voit la fin des argumens pitoyables & des mauvaifes
plaifanteries que leur pareffe ou leur vanité leur fug-
gere contre tout ce qui a l'apparence d'innovation.

C'eft-là fans doute une des caufes qui retardent les
progrès de la Navigation, & qui empêchent cet Art
important de retirer de l'Aftronomie tous les ufages
que cette Science pourroit lui procurer.

Mais les fruits tardifs meuriffent enfin ; la verité
perce tôt ou tard le nuage des préjugés : les hypothè-
fes gratuites ou fpécieufes font place aux fyftêmes
démontrés. On n'ofe plus révoquer en doute la circu-
lation du fang, l'exiftence des Antipodes, le temps
n'eft pas éloigné où l'on ceffera de difputer fur le
double mouvement de la terre, fur la néceffité du
Vuide, ou l'abfurdité du Plein : la Gravité univer-
felle, clef auffi réelle que myftérieufe du Syftême
planétaire a déja donné l'exclufion à des Tourbillons
auffi imaginaires qu'ingénieufement imaginés. C'eft
ainfi que les verités triomphent enfin des préjugés,
des chicanes, en un mot des perfécutions plus ou
moins férieufes qu'elles ont à effuier.

Les Sciences mêmes les plus problêmatiques, celles qui forment la Théorie de la Chimie, de la Médecine deviennent tous les jours plus claires, plus

méthodiques & plus certaines à la faveur des lumieres qu'elles empruntent de la Géométrie & de la
Phyfique moderne ; le Genre humain doit reconnoître les obligations qu'il a aux Bechers, aux Stahls,
aux Boerrhaaves, auffi-bien qu'aux Defcartes & aux
Newton.

La Mufique, cet Art fertile en plaifirs innocens,
n'eft pas fans doute pour le Genre humain un objet
auffi férieux, que l'Aftronomie, la Chimie ou la
Médecine ; mais un Art qui contribue fi fort aux
agrémens les plus légitimes de la Société, n'eft pas
indigne de quelques réflexions philofophiques ; il
mérite bien d'être ramené à fes vrais principes par
une exacte analyfe de fes opérations.

Si les vérités que cette analyfe pourra nous découvrir ne font pas d'une extrême importance, les
erreurs de Spéculation où nous pouvons tomber ne
feront du moins pas fort dangereufes. La Science
de l'Harmonie feroit-elle la feule de celles qui ont
quelques rapport avec les Mathématiques & la Phyfique qui n'eut rien à devoir foit aux rapides progrès qu'elles ont faits depuis un fiécle, & qui font
principalement dûs à l'application qu'on a faite de
celle-là à celle-ci, foit du moins à l'efprit de recherche & de combinaifon qu'elles infpirent à ceux
qui les cultivent ? C'eft en conféquence de cette
heureufe application que la Phyfique jadis fi pro-
blèmatique, eft devenue une Science fouvent démonftrative, & les Mathématiques naturellement ab-

ftraites & arides, une Science intéreſſante.

Il n'eſt pas difficile d'appercevoir que la Muſique, ou ce qui en fait le principal fond, l'Harmonie tient, comme je viens de le ſuppoſer, à ces deux Sciences; qu'elle doit s'expliquer d'un côté par la Théorie phyſique du Son, & de l'autre, par le Calcul des Rapports, qui ont lieu entre les divers (*b*) Sons qui font la matiere d'une Compoſition Muſicale. Mais de cette explication réſultera-t-il quelqu'avantage pour la Pratique? La plûpart des Artiſtes (*c*) & même des Amateurs paroiſſent décidés

(*b*) J'aurai occaſion dans la ſuite, & particuliérement à la fin du troiſiéme Eſſai, de faire quelques obſervations ſur la maniere dont le célébre M. Euler a employé le Calcul des Rapports dans ſa nouvelle Théorie de la Muſique, dont j'ai déja fait mention dans la Note (*a*). Il étoit impoſſible d'aller bien loin dans une Théorie, où il n'eſt point queſtion du Principe phyſique de la Reſonnance, & où par conſéquent on ne conſidere le Son Muſical que ſous l'idée d'un Son abſolument ſimple & unique. Du reſte, quoique la doctrine contenue dans le Livre de M. Euler ſoit très-imparfaite par rapport à la pratique, on y reconnoît aiſément le grand Génie, l'Eſprit né pour les ſublimes combinaiſons.

(*c*) M. Lampe, Muſicien fort connu en Angleterre par ſes Compoſitions, & particuliérement par le charmant Opera burleſque *The Dragon of Wantley*, eſt du nombre de ces Artiſtes. Si nous en croyons, le calcul numérique des Sons en fait d'accords détruit la varieté dont ils ſont ſuſceptibles: » The calculating ſounds arithmetically (dit-il) deſtroys the » Variety of ſucceeding Harmonies; *M. Lampe's*, *Art of Muſick*. Si ce Muſicien n'a pas raiſon quant au droit, il ne l'a du moins que trop quant au fait, à en juger par l'expérience du paſſé.

pour la négative ; quelques-uns même vont juſqu'à nier la poſſibilité d'une Théorie philoſophique
& ſolide ; c'eſt, ſelon eux, une chimere après laquelle on ne peut courir qu'en pure perte de ſon
temps. L'oreille fait tout, elle licte tout, mais ne
raiſonne point : ſa deviſe eſt,

Sic volo , ſic jubeo , ſit pro ratione voluntas.

Un Traité de Compoſition eſt un Code-Muſical,
un Recueil de Loix dictées par cette Souveraine,
Loix poſitives dont on chercheroit vainement l'*Eſprit*,
le fondement naturel.

Je reconnois dans toute ſon étendue la ſouverai-
neté de l'oreille dans l'empire de l'Harmonie ; mais
un Souverain n'eſt pas moins Souverain, parce que
toutes les Loix qu'il publie lui ſont dictées par la
raiſon. Mais, ajoutent les Partiſans outrés de la Pratique, depuis le temps qu'un ſi grand nombre d'ha-
biles Muſiciens compoſent & méditent ſur leur Art,
on n'a pas découvert une Théorie qui rendît raiſon
de toutes les Régles de la Compoſition, encore moins
qui ait enrichi la Muſique de quelque nouveauté
conſidérable ; donc une pareille Théorie ne ſe trouvera jamais. Il eſt aiſé de répondre qu'un ſemblable
argument auroit prouvé, il y a cent ans, l'impoſſibilité de réſoudre pluſieurs Problêmes tant mathématiques que phyſiques, dont cependant la ſolu-
tion eſt aujourd'hui très-connue.

L'Arc-en-ciel étoit autrefois un Myſtere phyſique

dont on ne pouvoit fans témérité entreprendre l'explication ; aujourd'hui , c'eft un Phénomène très-fimple & qu'on explique parfaitement.

Eût-on jamais préfumé dans le commencement du dix-feptiéme fiécle que la Phyfique aftronomique pût aller jufqu'à determiner exactement les Courbes que décrivent les différens Globes du Syftème planétaire , & rendre en même temps raifon des divers degrés de vîteffe avec lefquels ils fe meuvent chacun dans leur orbite , & dans les différens points de leur orbite ? Eût-on jamais foupçonné que cette Théorie des corps céleftes pût fans témérité s'élever jufqu'à calculer les rapports de denfité & de péfanteur qu'il y a entre le Soleil & celles des Planetes , qui , comme Jupiter , Saturne & la Terre, font accompagnées d'un ou de plufieurs Satellites ?

Les découvertes fe font quelquefois tout-à-coup ; mais c'eft le plus fouvent par degrés qu'on y arrive : un ouvrage , qui de notre temps aura été commencé , ou avancé jufqu'à un certain point , pourra dans la fuite être porté à ce point de perfection , dont il eft fufceptible.

Mais je penfe que le plus grand nombre des Amateurs de la Mufique ne conteftent pas la poffibilité d'une bonne Théorie de l'Harmonie , feulement ils n'imaginent pas qu'elle puiffe faciliter ou perfectionner la Pratique de la Compofition : ils prétendent que l'extrême médiocrité des Compofitions de quelques Amateurs Théoriciens qui manquoient de pratique, eſt une preuve ſuffiſante de leur ſentiment.

C'eſt encore ici un argument où l'on conclut du paſſé contre l'avenir, comme ſi les circonſtances devoient être toujours les mêmes : mais je demande d'où à procédé cette extrême médiocrité qu'on objecte ? La raiſon en eſt bien ſimple, c'eſt que toute la ſcience de ces Amateurs conſiſtoit à ſçavoir par cœur les loix, ſouvent équivoques, du Code harmonique, & à connoître peut-être encore les *Nombres* qui expriment les rapports des divers intervalles muſicaux ? Eſt-il étonnant qu'une Théorie auſſi bornée, auſſi mal nommée n'ait pû remplacer le manque de Pratique, & n'ait enfanté que des Compoſitions arides & ſans goût ?

D'ailleurs, dans quel Art excelle-t-on ſans beaucoup d'exercice, & ſans des diſpoſitions organiques qui en facilitent les opérations ? Suffit-il pour faire d'excellentes Montres d'entendre parfaitement les Principes & les Théorêmes de la Mécanique qui forment la Théorie de l'Horlogerie ? Eſt-ce aſſez d'être ſçavant Anatomiſte pour exceller dans la pratique de la Chirurgie ? Et l'Anatomie & la Mécanique ſont-elles inutiles au Chirurgien & à l'Horloger, parce qu'à la Science ils doivent joindre un grand exercice, une grande dextérité de la main ?

La Théorie & la Pratique doivent toujours marcher de concert dans les Arts, dès qu'il s'agit d'opérer : il s'y rencontre ſouvent de ces cas compliqués qui demandent également le secours de l'une & de l'autre. Assez souvent la multitude des circonstances à considerer peut embatrasser & confondre le Théoriste le plus intelligent, s'il n'est aidé de ce sentiment, de ce goût que donne la Pratique, & qui par une sagacité implicite, mais souvent merveilleuse, devance les opérations trop lentes de la réflexion, & perce jusqu'à la vérité, sans qu'on puisse se rendre compte du chemin que l'esprit a parcouru.

Mais si la Pratique & le Génie suppléent quelquefois à la Théorie, celle-ci en échange suggére souvent à la Pratique dans certains cas difficiles des moyens, des expédiens nouveaux & commodes dont cette simple Pratique ne se seroit jamais avisé ; une Théorie même imparfaite ou bornée à divers égards peut encore être d'un grand usage dans la Pratique, si d'ailleurs elle est exacte dans ce qu'elle entreprend de démontrer.

Ne séparons donc point deux choses dont la réunion est toujours si avantageuse, deux choses qui détachées doivent naturellement être très-bornées, mais qui réunies s'entr'aident & se perfectionnent réciproquement.

Ajoutons encore que la Théorie ou l'application de la Théorie à la Pratique git en opérations de l'esprit ; ces opérations ont elles-mêmes leurs difficultés propres ; on ne parvient à les surmonter aisément qu'en s'y exerçant, qu'en y acquérant une sorte de *Pratique*. Les opérations de l'Arithmétique, qui

ſouvent font partie des Spéculations mathématiques, ſont elles-mêmes fondées ſur une Théorie
algébrique, qu'il ne ſuffit pas d'avoir bien conçue
pour pouvoir manier avec aſſez de facilité & d'ex-
pédition les Calculs arithmétiques qui entrent dans
les ſolutions des Problêmes mathématiques & phyſiques, il faut encore s'être rompu dans la Pratique
des opérations élémentaires que démontre cette
Théorie. Ce n'eſt pas aſſez de concevoir parfaitement la marche d'un jeu rempli de combinaiſons,
tel que l'eſt celui des Echecs, pour le bien jouer;
la perſonne même qui l'auroit inventé ne le joue-
roit que très-médiocrement en comparaiſon de ceux
qui à force de s'y exercer avec d'autres, ont enfin
acquis cette facilité habituelle de combiner & d'é-
valuer promptement les probabilités qui fait le bon
joueur.

Il en ſera à-peu-près de même en fait de Combinaiſons, de Compoſitions muſicales; le Théoricien
ne pourra opérer avec facilité qu'après s'être exercé
quelque temps à appliquer ſes Principes à la Pratique de l'Harmonie : c'eſt alors, mais alors ſeulement
qu'on pourra exiger de lui qu'il démontre par ſes
productions l'utilité & la fécondité de la Théorie,
& qu'il découvre de nouvelles Combinaiſons, de
nouvelles Modulations, s'il y en a de conſidérables
dont les Praticiens ne ſe ſoient pas encore aviſés.
Je dis même qu'on ne doit eſperer d'opérer en Muſique ſans la Pratique proprement dite, & par le ſeul

secours de la Théorie de cet Art, que lorsque cette Théorie sera exacte & complette, que lorsqu'à la Théorie de l'Harmonie on aura joint non-seulement celle de la Mélodie qui a ses Principes particuliers, mais encore celle de l'Expression.

Malheureusement la Théorie de l'Harmonie n'est encore qu'ébauchée. Le célébre M. Euler, un des premiers Mathématiciens de ce siécle, nous en a donné un Essai, qui auroit peut-être comblé nos vœux si cette affaire eût été un Ouvrage de pur Calcul : rien de plus beau que l'entreprise de réduire toutes les Combinaisons de l'Harmonie, à quelques Formules algébriques très-concises, qui, comme Germes de tous les accords & de toutes les modulations pratiquées ou praticables, devoient en se développant, nous donner à titre de Corollaires, toutes les Régles de la Composition.

Mais ces Formules spécieuses péchent par le fondement, elles ne sont point assez analogues à la nature du Son qu'elles supposent plus simple qu'il n'est en effet. Est-il surprenant qu'une erreur considerable dans le Principe physique ait donné occasion à une infinité de conséquences que l'oreille & la pratique de tous les Musiciens désavouent ?

Dès-lors combien de Calculs en pure perte pour la vraie Théorie de la Musique (*d*) ?

(*d*) Les écarts du Calcul de la part des Géométres illustres semblent justifier les Artistes, qui comme M. Lampe, imputent au Calcul en général les fautes du Calculateur.

M. Rameau, cet illuftre Compofiteur, Muficien Ami de la Philofophie, a bien fenti la néceffité de fonder la Théorie de l'Harmonie fur une connoiffance plus exacte de la nature du Son, & de la maniere dont il affecte l'organe acouftique ; il a compris de quelle importance étoit à cet égard la découverte de la Refonnance harmonieufe qui accompagne tout Son rendu par un Corps muficalement fonore ; découverte bien conftatée, & qui démontre que le Son mufical n'eft pas un Son abfolument fimple & unique, mais le réfultat d'un grand nombre de Sons particuliers qui affectent l'oreille avec plus ou moins de force, mais dont le plus grave eft de beaucoup le plus fenfible.

C'eft à la faveur de ce Principe phyfique que M. Rameau a répandu beaucoup de jour fur l'Harmonie, fur l'influence qu'elle a dans la Mélodie, & fur la *Liaifon* qui enchaîne ordinairement les fucceffions des Accords, comme on peut s'en convaincre par une lecture attentive de l'Ouvrage qu'il a publié fous le titre de Génération harmonique (*e*).

On doit reconnoître encore que cet Ouvrage a été d'une très-grande utilité aux Praticiens, qui fans en avoir affez compris les Principes, en ont fuivi

(*e*) On peut confulter encore à ce fujet *les Elémens de Mufique théorique & pratique fuivant les Principes de M. Rameau ;* où regne tout l'ordre & la clarté dont le fujet eft fufceptible, & qu'on remarque dans les autres Ouvrages de l'illuftre Géométre qui les a rédigés.

le réfultat, & ont fait ufage du Syftême de Baffe fondamentale, qui y eft établi.

Mais fi j'ofe dire mon fentiment, il m'a paru d'un côté, que cet Auteur frappé de l'importance du Principe phyfique de la Refonnance, le fait trop valoir lorfqu'il veut en faire dépendre tout ce que nous pouvons connoître des Rapports, des Proportions & des Progreffions géométriques, arithmétiques & harmoniques (*f*); & d'un autre côté, il m'a femblé n'avoir pas tiré de ce même Principe tout le parti qu'on en pouvoit tirer, pour l'intelligence théorique de l'Harmonie, & de la Succeffion fondamentale qui en doit être comme l'Analyfe ou la Clé.

Il ne fuffit pas pour former une Théorie exacte d'un Art de s'affurer d'un bon Principe, il faut examiner s'il y en a plufieurs, & tenir compte de tous ceux qui font effentiels au fujet dont il s'agit; il faut fentir la fubordination, la dépendance réciproque qu'il y a naturellement entr'eux, pour pou-

____

(*f*) » C'eft dans la Mufique (dit M. Rameau) que la na-
» ture femble nous affigner le Principe phyfique de ces pre-
» mieres notions purement mathématiques, fur lefquelles
» roulent toutes les Sciences, je veux dire, les proportions
» harmonique, arithmétique & géométrique, d'où fuivent
» les progreffions de même genre, & qui fe manifeftent au
» premier inftant que refonne un corps fonore, &c. *Préface*
du Livre intitulé Démonftration du Principe de l'Harmonie,
&c. On peut encore lire la Préface de la *Génération harmonique.*

voir en faire une jufte application dans la déduc-
tion des conféquences qui en réfultent.

Il n'eft pas de Phénomène particulier dans la nature qui ne foit l'effet commun de plufieurs caufes
particulieres plus ou moins effentielles , & qu'on
prétendroit en vain réduire à une feule caufe , ramener à un feul Principe.

Il eft à cet égard un degré de fimplicité très-con-
nu dans le Païs métaphyfique ou mathématique
des Abftractions , mais qui ne fe rencontre jamais
dans l'Enceinte phyfique des Réalités.

De-là il eft aifé de juger que lorfqu'il s'agit d'expliquer quelques effets connus , notre premier foin
doit être de reconnoître les divers principes , les
principales caufes qui concourent dans leur produc-
tion , pour pouvoir enfuite procéder à la recherche & à l'eftimation de la part que chaque caufe ,
chaque principe peut avoir à cette même produc-
tion (*g*).

L'énumération exacte des Principes doit néceffairement précéder l'évaluation de leur influance particuliere fur les effets communs.

Ce n'eft qu'en combinant exactement les Loix de
la Gravité avec les Loix générales du mouvement,
qu'on peut déterminer les mouvemens des Corps
graves & les Lignes , les Ellipfes ou les Paraboles

(*g*) On trouvera à la fin du fecond Effai l'énumération des
differens Principes fur lefquels il me paroît qu'une Théorie
exacte ou philofophique de la Mufique peut être fondée.

qu'ils

qu'ils doivent parcourir : que ſi ces mouvemens ſont encore ſuppoſés s'exécuter dans un fluide , ce ne ſera qu'en combinant la Loi de la réſiſtance de ce fluide avec celle de la peſanteur & du mouvement, qu'on pourra parvenir à décrire la route des Corps qui s'y meuvent.

Les ſenſations que nous fait éprouver la Muſique ſont des effets connus, qui ne dépendent pas moins de pluſieurs Principes ſubordonnés les uns aux autres : il importe de reconnoître les plus eſſentiels , les plus immédiats par un examen attentif des Régles , ſoit génerales , ſoit particulieres , de la Compoſition , qui ſont comme conſacrées par l'oreille & la pratique conſtante des Maîtres de l'Harmonie.

Si les fondemens d'une Théorie auſſi philoſophique , que le ſeroit celle dont je viens de propoſer l'idée , ne pouvoient être jettés qu'à la ſuite d'une Expérience & d'une Pratique conſommée , ce ſeroit de la part d'un ſimple Amateur , d'un Amateur preſque purement ſpéculatif, une extrême témérité que de prétendre pouvoir en fait de ſimplicité . & d'exactitude élémentaire renchérir ſur ce qui a paru ci-devant : mais , ſi l'ébauche d'une pareille Théorie eſt plutôt une affaire de réflexion & d'attention à tout ce que les grands Maîtres pratiquent communément en fait d'Harmonie & de Mélodie ; la connoiſſance complette de tous les menus détails de la Pratique n'eſt pas plus néceſſaire dans ce cas-ci , qu'elle ne l'a été dans pluſieurs autres , où l'expé-

B

rience a démontré que les Théories les plus belles & les plus simples ont été plus souvent l'ouvrage de Philofophes fpéculatifs, que celui des plus illuftres Pratici ens.

ESSAIS
SUR LES PRINCIPES
DE
L'HARMONIE.

DEUXIE'ME ESSAI.

RÉFLEXIONS sur les droits respectifs de l'Harmonie & de la Mélodie, & sur la Basse fondamentale, occasionnées en partie par une Dissertation de M. de BLAINVILLE sur les droits de la Mélodie & de l'Harmonie (a).

Amicus Socrates & amicus Plato, magis amica veritas.

Dût-il déplaire à quelques prétendus Mecènes, un Philosophe seroit bien à plaindre, si même en matiere de Science & de goût, il ne se permettoit pas de dire la verité. Disc. prélim. de l'Encyclopedie, p. 33.

Réflexions générales sur la Dissertation de M de Blainville.

J'Avois craint ci-devant (*b*) de faire tort à l'urbanité de M. de B. en lui attribuant le stile de l'*Ob-*

(a) Inserée dans le Mercure du mois de Mai 1752.

(b) Dans mes *Réflexions sur la supposition d'un troisiéme*

B ij

fervation, qui a paru fous fon nom dans le Mer-cure du mois de Novembre 1751. Les agrémens répandus avec profufion dans fa Differtation jufti-fient pleinement mon appréhenfion. On voit avec évidence que cet ingenieux Artifte differte très-po-liment , quand il daigne s'en mêler lui-même : il eft flatteur pour moi qu'il ait jugé mes Réflexions du mois de Janvier dignes d'une Réponfe qui fût *entié-rement* de fa façon.

Je lui fuis encore très-obligé des tours ingénieux , des paralleles lumineux qu'il tire des différens Arts , & en particulier de la Peinture , pour me faciliter l'intelligence de fes fentimens. Je puis l'affurer qu'il y a fi parfaitement réuffi, que je me fuis quelque-fois imaginé l'entendre prefque auffi-bien qu'il s'en-tend lui-même.

J'euffe fouhaité de trouver dans fa Differtation une autre marque de fa bonne volonté à mon égard ; j'euffe defiré qu'aux preuves du talent qu'il a d'écrire avec autant de clarté que de légéreté , il en eût joint quelque-unes qui témoignaffent qu'il lit avec quelque attention ce qu'il a deffein de critiquer. Mais chacun a fa façon de lire comme d'écouter ; ceux qui , à l'exemple de l'ingénieux Auteur de la *Lettre fur les Sourds & Muets* , *fe bouchent les oreilles pour mieux entendre* , ferment peut - être auffi les yeux pour mieux lire ? Seroit-ce la Méthode de M. de B. ?

Mode en Mufique , &c. inferées dans le Mercure du mois de Janvier 1752 , p. 160.

Pour moi je penſois que pour refuter , il étoit néceſſaire de rappeller & d'examiner les principales Propoſitions qu'on déſavoue ; c'eſt ainſi du moins que j'ai cru devoir en uſer avec M. de B. Sa Diſſertation me fait comprendre le peu de néceſſité qu'il y a de s'aſſujettir à une Méthode auſſi ſcrupuleuſe : il en ſuit une plus commode & moins vulgaire : à la faveur des équivoques , dont le langage muſical ne manque pas , il fait habilement éluder le ſens naturel d'une propoſition , & lui en ſubſtituer un qui ſoit étranger à la queſtion.

Le terme d'*Harmonie* , par exemple , eſt un de ceux qui n'ont pas toujours une ſignification bien déterminée dans la bouche des Muſiciens : M. de B. ſaiſit adroitement celle dont il ne s'agiſſoit pas , & ſans trop s'embarraſſer de ce que j'ai dit ſur le rapport de l'Harmonie avec la Mélodie , il a l'art de me faire penſer au déſavantage de celle-ci tout ce qu'il juge à propos.

C'eſt ainſi qu'il a ſçu ſe procurer une belle occaſion de me faire ſur les prérogatives de la Mélodie une bonne leçon , dont profiteront ſans doute tous ceux qui ont aſſez peu réflechi ſur ce ſujet pour penſer que la *Mélodie procéde de l'Harmonie ,* ou *que la force de l'expreſſion dépende beaucoup plus de la Modulation que de la ſimple Mélodie.*

Voici quelques-unes des ſuppoſitions de M. de B. qui me paroiſſent gratuites ; il aſſure ,

Que j'ai été *fort ſurpris* de ce qu'il a avancé , que

la Mélodie avoit beaucoup plus de pouvoir sur l'oreille que l'Harmonie.

Que cette grande surprise a été vraisemblablement l'effet d'une *semi-réflexion*.

Qu'ignorant *l'attrait musical*, qui entraîne le Compositeur dans les routes de la Mélodie, je suis sans doute d'avis que pour trouver un chant, il faut toujours le chercher sur une basse donnée, &c.

Ce sont-là les heureuses idées dont je me crois redevable à l'imagination de M. de B. il me conseille de bannir D. Quich. de mes Ecrits sur la Musique ; n'est-ce point ici l'occasion de me souvenir d'un avis aussi prudent ?

Je n'ai pas dessein d'entrer bien avant dans la nouvelle carrière que m'ouvre ce généreux Antagoniste, quoique j'aie réflechi aussi-bien que lui sur les droits & sur la dépendance réciproque de l'Harmonie & de la Mélodie : mais, mes idées sur ce sujet tiennent de trop près à l'intelligence de la succession fondamentale telle que je la conçois, pour pouvoir les en détacher : je me bornerai donc à un petit nombre de Remarques sur cette matiere.

Importance de l'Harmonie proprement dite par rapport à la Mélodie.

Je souscris volontiers à une bonne partie de l'éloge que M. de B. fait de la Mélodie, dont tout le monde avec un peu d'oreille & sans être Musicien eſt en droit de ſentir l'expreſſion & la force : mais je ne ſçaurois approuver tout ce qu'il avance au déſavantage de l'Harmonie, à prendre même ce terme dans le ſens le plus analogue à ſes idées.

Pour donner plus de poids à ſon ſentiment M. de B. a recours à l'exemple de M. Geminiani. Ce célébre Compoſiteur ſe trouvant actuellement à Paris, il m'étoit aiſé de vérifier l'anecdote muſicale que M. de B. rapporte comme favorable à ſes idées : c'eſt auſſi ce que j'ai fait. Je puis en conſéquence l'aſſurer que l'élégant récit qu'on lui a fait de la maniere dont M. Geminiani s'y prend ordinairement pour compoſer un *Adagio* touchant & pathetique, péche préciſément dans les circonſtances eſſentielles à la queſtion : il ne s'agit pas de chicaner ſur la ſuppoſition *de la mort de ſes enfans & du déſeſpoir de ſa femme*, qui à l'égard d'un Compoſiteur qui n'en a jamais eu, eſt peut-être moins propre à émouvoir ſon imagination, qu'à induire en erreur les *Biographes* des illuſtres Artiſtes : il s'agit de ſçavoir comment M. Geminiani, après s'être rempli l'imagination des plus triſtes images (c) procéde à la Com-

(c) On peut dire au Muſicien comme au Poéte, *ſi vis me flere, dolendum eſt primùm ipſi tibi.*

» Un bon Muſicien, dit très-bien M. Rameau, doit ſe li-
» vrer à tous les caractères qu'il veut dépeindre ; & comme un
» habile Comédien, ſe mettre à la place de celui qui parle ; ſe
» croire être dans les lieux où ſe paſſent les différens événe-
» mens qu'il veut repréſenter, & y prendre la même part que

pofition d'un *Adagio* touchant & pathetique : il m'a
affuré lui-même qu'en pareil cas il ne touche jamais
fon Violon, ni aucun autre Inftrument ; mais qu'à
l'ordinaire il conçoit & écrit une fuite d'accords ; qu'il
ne commence jamais par une fimple fucceffion de
Sons, par une fimple Mélodie ; & que s'il y a une
partie qui dans l'ordre de fes conceptions ait le pas
fur les autres, c'eft bien plutôt celle de la Baffe que
toute autre. Cela étant ainfi, M. de B. *croit-il en
bonne foi que ce foit la* Mélodie *qui occupe alors* uniquement ou *principalement ce célebre Muficien ?*
Voyons comment l'illuftre Auteur du *Traité de
l'Harmonie* s'explique fur ce fujet. » Il eft difficile,
» dit-il, de réuffir parfaitement dans les Piéces à
» deux & à trois Parties, fi l'on ne compofe toutes les
» parties enfemble; parce que chaque partie doit avoir
» un chant coulant & gracieux ; & l'habile hom-
» me ne compofe guéres une Partie, qu'il ne fente
» en même temps l'effet des autres Parties qui doi-
» vent l'accompagner. Quoique l'on fe propofe or-
» dinairement une Partie où l'on veuille renfermer
» tout le beau Chant que l'imagination peut four-
» nir, ce qui s'appelle le *Sujet*, fi les autres Par-
» ties en font dénuées à proportion, cela diminue

» ceux qui y font les plus intereffés ; être bon Déclamateur,
» au moins en foi-même ; fentir quand la voix doit s'élever
» ou s'abaiffer plus ou moins, pour y conformer fa Mélodie,
» fon Harmonie, fa Modulation & fon Mouvement. *Traité
de l'Harmonie*, *p.* 143.

» la beauté du fujet ; il n'y a que dans ce qu'on
» appelle Récitatif, où la Baffe & les autres Parties
» doivent feulement faire entendre le fond de l'Har-
» monie ; mais autrement le Chant de deux ou
» trois Parties doit être prefque égal ; d'où l'on a
» dit fort à propos , qu'une *Baffe bien chantante*
» nous annonce une belle Mufique «. *Traité de
l'Harm. p. 329.*

Comparaifon de la Mélodie avec le Deffein , &c.

Selon l'Auteur de l'*Obfervation* , l'*Harmonie* devoit être comme le *Deffein* , & les *Chants* comme
les *Couleurs.* M. de B. me paroît penfer tout le
contraire ; il a vraifemblablement fenti de l'impro-
priété dans cette comparaifon : auffi m'a-t-il pré-
venu dans le parallèle qu'on peut faire de la Mélodie avec les traits ou les contours du Deffein d'une
figure humaine.

Mais à l'égard de l'Harmonie , confiderée comme
le Principe des Sons muficaux qu'emploie la Mélodie (*d*), il me permettra , pour continuer le pa-

(*d*) » Quoique l'Auteur d'un Chant, comme s'exprime très-
» bien M. Rameau , ne connoiffe pas les Sons fondamentaux
» dont ce Chant dérive , il ne puife pas moins dans cette four-
» ce unique de toutes nos productions en Mufique. *Géner.
Harmon. p. 71.*
Cette propofition au refte n'eft exactement vraie que relativement aux vrais Sons fondamentaux de la Modulation , elle

rallèle , de la comparer à la figure humaine elle-même ; ou si l'on veut encore , aux modéles de ronde boſſe qui peuvent en tenir la place : c'eſt à cette figure , l'ouvrage immédiat de la nature , que ſont eſſentiellement ſubordonnés tous les traits , tous les contours d'un deſſein , relativement à un point de vuë déterminé , de même qu'à l'attitude particuliere qu'il s'agit d'exprimer ; ſoit que cette attitude ſoit actuellement ſous les yeux du Deſſinateur , ſoit qu'elle n'exiſte qu'idéalement dans ſon imagination , ce qui eſt le cas le plus ordinaire dans la premiere conception d'un ſujet pittoreſque.

La Mélodie eſt de même un trait , un contour tracé dans le Corps de l'Harmonie , relativement au ſentiment que le Muſicien ſe propoſe de peindre , & à l'étendue de l'organe ou de l'inſtrument qui doit l'executer , ſoit que cet Artiſte ait ſous ſes yeux un fond d'Harmonie repréſenté dans une Baſſe chifrée ou dans une Baſſe fondamentale , ſoit que cette Baſſe n'exiſte qu'implicitement dans ſon imagination , dans ſon oreille ; ce qui eſt auſſi le cas le plus fréquent dans la premiere conception d'un ſujet muſical.

La Comparaiſon peut aller encore un peu plus loin : comme il n'y a dans la nature , à parler en général , que deux genres de forme humaine , celles

l'eſt moins à l'égard de pluſieurs de ceux auſquels on n'attribue cette qualité qu'en vertu de la ſeptiéme qui les accompagne , comme nous le verrons dans la ſuite de ces Réflexions.

des deux fexes, il n'y a de même en Mufique que deux genres de Modes. Il n'eft pas impoffible de tracer un contour de figure humaine, qui n'en décide pas le fexe au premier coup d'œil; mais un tel contour ne prouvera jamais l'exiftence d'un troifiéme fexe. Il eft de même aifé d'imaginer des traits de Mélodie, où le genre du Mode paroiffe indécis, fans qu'on puiffe jamais en conclure la réalité d'un troifiéme Mode (*e*).

La fuppofition d'un feul Mode eft plus plaufible que celle de trois.

J'ofe même avancer qu'il feroit plus naturel & plus plaufible de n'admettre qu'un feul Mode en Mufique, le Mode majeur, que d'en fuppofer un troifiéme.

On peut avec fondement confiderer le Mode mineur, celui d'A-mi-la, par exemple, comme le réfultat d'une double modulation majeure dérivée en partie du Mode d'A-mi-la & de celui de C-fol-ut, l'un & l'autre également cenfés majeurs; mais dont l'affociation ne peut avoir lieu qu'en vertu du facrifice mutuel que ces deux Modes du même genre fe font de ceux de leurs harmoniques qui ne peuvent fimpatifer avec les fondamentaux de l'au-

---

(*e*) M. de B. *peut voir par l'attention que j'ai à me prévaloir des comparaifons qu'il tire de la Peinture*, combien elles fervent à m'éclairer.

tre Ton , de l'autre Mode , auſquels ils ſont étrangers (*f*).

Diſtinction au ſujet de l'Harmonie & de la Mélodie.

C'eſt le fort de l'eſprit humain de connoître & de ſentir d'abord les *Effets* , & de parvenir fort tard à la découverte des *Cauſes* (*g*). Dans le progrès de nos connoiſſances , l'idée de la Mélodie précéde naturellement celle de l'Harmonie : c'eſt une vérité évidente , & que M. de B. démontre très-clairement ; mais dans l'ordre réel des choſes , l'Harmonie , Fille de la Nature même , eſt la Mere de tous les Sons que peut employer la Mélodie. J'eſpere que M. de B. voudra bien donner quelque attention à cette diſtinction , toute métaphyſique qu'elle puiſſe lui paroître. Je puis en échange lui accorder , que le choix des Sons que la Mélodie tire du fond de l'Harmonie , eſt toujours dirigé , comme je l'ai déja inſinué , par quelque Principe très-diſtinct de ceux de l'Harmonie proprement dite : j'avoue même que la beauté & les graces de la Mélodie amenent ſouvent , ou font tolérer dans une Compoſition à pluſieurs parties des accords qui , à les conſidérer à part & en eux-mêmes , forment une harmonie aſſez dure , & qui préviendroit peu l'oreille

(*f*) Voyez le troiſiéme Eſſai.

(*g*) C'eſt ce que la lenteur des progrès de la Théorie phyſique de l'Harmonie ne prouve que trop bien.

en leur faveur. On peut donc affurer dans un très-bon fens, que c'eft à la Mélodie que nous fommes redevables de certains accords, qui, quoique durs en eux-mêmes, font un très-bel effet, lorfqu'ils fe trouvent bien amenés. L'accord de *Septiéme diminuée*, ou de *Seconde fuperflue*, celui de *Sixte fuperflue*, & ceux qui contiennent cinq Sons en font des preuves fuffifantes.

L'Harmonie eft le premier objet de la Théorie muficale.

Mais ce fond mufical de l'oreille, ce Principe naturel & intariffable de Sons & d'Accords, l'Harmonie eft fans contredit le premier objet de la Théorie de la Mufique, & particuliérement celui de la Baffe fondamentale. On ne fçauroit fans doute arriver à une intelligence claire & bien développée des grands Principes de la Compofition muficale, qu'après s'être fait une idée exacte des loix aufquelles les différentes fucceffions de cette Baffe naturelle font foumifes. C'eft le moyen le plus fûr de découvrir toutes les tranfitions praticables en fait de Modulations fimples ou mixtes, diftinctes ou indécifes; & de réfoudre une infinité de queftions particulieres de Théorie & de Pratique, telles que celles que M. de B. me propofe, & bien d'autres plus confidérables ou plus délicates.

Il me paroît, pour le remarquer en paffant, que les Modulations mixtes ou indécifes font bien plus du reffort du *Grave* que de l'*Allegro*. De-là vient auffi qu'il y a ordinairement plus d'art à reconnoître la vraie route des Sons fondamentaux dans le premier cas que dans l'autre ; & qu'on n'y réuffira même que très-difficilement, fi l'on n'a pas une connoiffance exacte de la Succeffion proprement dite fondamentale.

Examen de quelques Conjectures de M. de B.

M. de B. eft quelquefois très‑heureux dans les conjectures qu'il fait fur les priviléges de la Mélodie , il y beaucoup de jufteffe dans celle qu'il propofe fur les oreilles peu expérimentées en Harmonie : un *Payfan* , dit-il , ne *pourra fupporter l'enfemble d'un duo de flutes dont les parties l'auront* émerveillé *tour-à-tour*. L'expérience a merveilleufement confirmé cette idée. » On nous affure , dit » M. Diderot dans le premier de fes *Mémoires fur* » *différens Sujets de Mathématiques* p. 7. qu'*un Pay-* » *fan* doué d'une oreille délicate *ne put fupporter* » *l'enfemble d'un* excellent *duo de flutes , dont les* » *parties* féparées *l'avoient* enchanté *tour-à-tour.*

Le grand rapport de la conjecture de M. de B. avec l'expérience dont M. Diderot fait le récit , n'auroit rien de merveilleux , fi l'on fuppofoit que M. de B. life des ouvrages remplis de calculs algébriques & différentiels , comme l'eft le fçavant Mémoire que je viens de citer ; fa conjecture fur les oreil les d'un Payſan ne ſeroit alors qu'une ſimple alluſion à l'expérience que cette lecture lui auroit laiſſé dans l'eſprit. Mais je ne ſçais comment concilier cette ſuppoſition avec l'avis qu'il me donne, & qui m'a paru très-ſérieux, quoique trop modeſte, d'en agir avec lui comme avec *un Muſicien ignare & non lettré*, & d'éviter en conſéquence, ſi je veux lui être intelligible, toute expreſſion, tout éclairciſſement emprunté de la Phyſique, comme un étalage tout-à-fait déplacé en matiere de Théorie muſicale.

Quelques amis prétendent que je devrois recourir ici à l'*Anatomie métaphyſique* imaginée par l'Auteur de la *Lettre ſur les Sourds & Muets*, p. 22 & 23, & adopter ſon *idée de décompoſer, pour ainſi dire, un homme.* Cette ingénieuſe Méthode me conduiroit naturellement à imaginer dans l'Auteur de la Diſſertation une honnête duplicité perſonnelle, un grand Muſicien & un ſavant Diſſertateur : mais comme j'ai de très-bonnes raiſons de rejetter une pareille hypothèſe, & de m'en tenir au parti que j'ai déja pris ; je continuerai d'attribuer à une ſeule & unique perſonne tout l'honneur de l'Ouvrage.

Une autre conjecture de M. de B. ſur laquelle je me crois obligé de faire quelques Remarques, c'eſt celle qui ſe trouve à la tête de ſa Diſſertation : ſelon lui, mon but dans mes deux Ecrits précédens étoit apparemment, ou de l'*éclaircir* ou d'*amuſer le Public.*

Je puis l'assurer que ces deux considérations n'ont guéres eu de part dans mes motifs. Après avoir réfléchi assez long - temps sur les Principes philosophiques de l'Harmonie , j'ai cru être en droit de penser qu'on pouvoit parvenir à en former une Théorie plus géométrique & plus physique , c'est-à-dire , plus simple & plus exacte qu'on ne l'a fait encore. Quoiqu'il s'en faille beaucoup que je n'aie porté celle que j'ai pu concevoir au point de perfection, dont elle peut être susceptible ; j'aurois peut-être assez d'idées sur ce sujet pour en composer un petit Traité : mais comme je n'ai ni le temps, ni les motifs nécessaires pour me presser de terminer un ouvrage un peu régulier sur une matiere sur laquelle il est incomparablement plus aisé & plus agréable de méditer pour soi & pour ses amis , que d'écrire pour le Public ; j'ai cru pouvoir du moins proposer aux Amateurs de la Théorie musicale quelques-unes de mes idées sur ce sujet , dont quelques Musiciens intelligens , avec qui j'en ai conféré , ont paru juger assez favorablement.

La question singuliere d'un troisiéme Mode m'a paru une occasion naturelle pour débuter ; je m'en suis prévalu sans aucune intention polemique envers M. de B. s'il est entré un peu de cet esprit dans mes Réflexions précédentes (h) , c'est à l'Auteur de l'*Observation* qu'il peut s'en prendre.

(h) Insérées dans le Mercure de Janvier 1752.

Après

Après cette explication très-sincére sur mes intentions, M. de B. voudra bien me pardonner si je l'ai quelquefois perdu de vue, aussi-bien que la question du nouveau Mode.

J'ai crû pouvoir passer à un sujet plus général, que j'avois bien plus à cœur, & commencer par indiquer des exemples d'une bonne Méthode de raisonner (*i*) dont on se trouve très-bien en Physique, & qui est très-applicable à la Théorie de la Musique, à la Physique des Sons (*k*).

Importance de la connoissance de la Succession fondamentale.

Les observations que j'ai faites sur les Régles & sur la Pratique de la Composition , sur les différentes Successions d'accords & de modulations mises en œuvre par les grands Maîtres de l'Art , m'ont trop convaincu combien il importoit de découvrir avec soin les diverses routes de la Succession fondamentale , pour ne m'être pas attaché à les recon-

(*i*) Elle consiste principalement , comme je l'ai déja indiqué dans le premier Essai, à tenir un compte exact des differens Principes qui influent essentiellement sur l'organe musical : en fait de Théorie il importe d'être aussi jaloux du nombre essentiel des Principes , que de leur certitude & de l'évidence des conséquences qu'on en peut tirer.

(*k*) La Musique , principalement lorsqu'elle est traitée par les Philosophes , n'est que la Physique des Sons , dit M. de Fontenelle, Hist. de l'Acad. des Sciences , 1713.

noître dans leurs Ouvrages , avant que de penser à déterminer & à expliquer phyſico-mathématiquement les Loix de cette Succeſſion , dont l'intelligence des détails de l'Harmonie dépend ſi fort.

On doit à cet égard la reconnoiſſance la plus ſincère au célébre Auteur du Traité de l'Harmonie, & de la Génération harmonique : c'eſt lui qui nous a le premier indiqué la route qu'il faut ſuivre pour parvenir à la connoiſſance des Pratiques & des Myſteres de ſon Art : il a tracé le premier dans le Corps de l'Harmonie , cette Ligne , cette Progreſſion de Sons qu'il a conſiderés comme fondamentaux. On ſçait , ſur-tout en France , combien un guide auſſi commode pour la Compoſition , & ſur-tout pour l'Accompagnement , en a facilité l'étude & la pratique.

Différence entre la Baſſe méthodiquement fondamentale & la Succeſſion eſſentiellement telle.

Mais , s'il eſt permis à un ſimple Amateur qui étudie en Phyſicien les Loix de l'Harmonie , de propoſer ſon ſentiment ſur ce ſujet , je dirai que la Baſſe fondamentale , telle que M. Rameau l'a déterminée dans les deux excellens Ouvrages que je viens de citer , ne mérite pas toujours aſſez exactement l'épithète de *Fondamentale.* Quelque utile , quelque commode , quelque analogue qu'elle puiſſe être à la Pratique , c'eſt plutôt en pluſieurs cas une Basse *directrice* ou *méthodique*, que la vraie Succession des Sons fondamentaux de l'Harmonie & de la Modulation.

Le dessein de ramener à une forme à-peu-près semblable tous les accords dissonans, en les considérant comme accords de septiéme, ou comme dérivés d'accords de septiéme, étoit sans doute digne d'un grand Maître en fait de Composition ; il ne pouvoit être conçu & exécuté comme il l'a été que par un Artiste aussi expérimenté dans la Pratique de l'Art, & aussi dévoué aux progrès de la Science musicale que l'est M. Rameau.

Mais ce dessein, tout grand qu'il est, tend bien plus à simplifier la Pratique de la Composition, que la Théorie de l'Harmonie. Cette uniformité, ou pour parler plus juste, cette apparence d'uniformité, à laquelle cet illustre Auteur a tâché de ramener les accords, n'est peut-être pas assez compatible avec la variété dont ils sont naturellement susceptibles.

La Basse méthodique & supposée fondamentale se trouve souvent peu analogue au Principe de la Resonnance.

D'ailleurs, cette spécieuse réduction n'a pu avoir lieu qu'à la faveur de plusieurs suppositions peu analogues au Principe de la Resonnance, sur lequel (*l*) cependant M. Rameau prétend fonder

(*l*) » Il n'y a, dit-il, de véritablement naturel que ce

toute fa Doctrine comme *fur la feule bafe de tout l'Art muſical , théorique & pratique ;* comme fur le *feul & unique Principe de l'Harmonie , & même de tous les Arts de goût , qui ont les fens pour Juge , & pour régle les propofitions.*

En fuivant ce Principe phyfique , qui eſt certainement très-important , bien qu'il ne foit à mon fens ni le premier , ni l'unique Principe de l'Harmonie , un Son ne doit être reputé Son fondamental que par rapport aux Harmoniques , dont il peut être conçu le générateur phyfique.

Dans le Syſtême de Baſſe fondamentale, dont le but eſt de ramener toutes les Diſſonnances à la Septiéme, il a fallu néceſſairement , pour en venir à-peu-près à bout , perdre bientôt de vue ce grand Principe phyfique , & donner l'épithète de *Fondamental* à tout Son qui peut porter une Septiéme quelconque mineure , majeure ou diminuée ; foit qu'il foit d'ailleurs accompagné de fes Harmoniques déclarés tels par la Nature , par le Principe de la Refonnance ; foit qu'il ne porte avec foi que ces Sons aufquels l'ambiguité du langage muſical a donné le nom de Tierce (*m*) ou de Quinte , quoiqu'ils dif-

---

» qui part directement du même corps fonore ; c'eſt de la
» feule Refonnance que naiſſent en nous toutes les impreſ-
» fions de l'Harmonie & de la Succeſſion la plus naturelle.
Génér. Harm. p. 74.

(*m*) Il s'agit ici de la Tierce mineure , foit de celle qui eſt
juſte , foit de celle qui eſt foible d'un Comma , comme auſſi

ferent essentiellement de la Tierce ou de la Quinte
véritablement harmonique ; quoiqu'ils soient réellement eux-mêmes Harmoniques, Octave , Quinte
ou Tierce majeure justes d'un Son fondamental
essentiellement différent de celui auquel on les rapporte comme à leur base naturelle.

Il est aisé de reconnoître combien de pareilles
suppositions s'écartent du vrai & du simple , dont
toute Théorie un peu mathématique doit être si
jalouse.

C'est le fort des Méthodes de pratique qui portent
sur des suppositions fausses ou purement hypothé-
tiques , d'être soumises à plusieurs exceptions : je
n'ai pas dessein d'examiner ici celles ausquelles la
Basse tantôt fondamentale & tantôt méthodique de
M. Rameau , est sujette , soit celles qu'il reconnoît
lui-même , soit celles qu'on pourroit y ajouter.

Les exceptions , les contradictions même qui se
rencontrent dans une hypothèse n'empêchent pas
qu'on ne puisse en tirer un très - grand parti dans la
pratique , dès qu'on a soin d'indiquer les différens cas
où elles ont lieu ; mais elles démontrent du moins
qu'on est en droit , lorsqu'il s'agit de Théorie , de
ne pas confondre l'hypothèse commode, qui s'y trouve sujette , avec le vrai Système de la Nature.

de la Quinte , trois intervalles qu'on sçait qui n'existent point
dans la Resonnance du Son fondamental.

Baſſe eſſentiellement fondamentale.

Il n'eſt pas difficile de preſſentir qu'il doit y avoir une Succeſſion véritablement & rigoureuſement fondamentale, une Succeſſion qui n'admette dans ſa progreſſion, que les Sons auſquels le Principe de la Reſonnance confere naturellement la qualité de Sons fondamentaux : ceux qu'on déſigne par les noms de Tonique, de Dominante tonique & de Soudominante du Mode majeur, ſont exactement dans ce cas, à l'égard de leur Octave, de leur Quinte & de leur Tierce majeure.

Une Succeſſion fondamentale, où il n'entreroit que des Toniques, des Dominantes-toniques & des Soudominantes, ſeroit donc une Succeſſion rigoureuſement fondamentale : c'eſt auſſi une telle Succeſſion qui paroît ſeule ſuſceptible d'une Démonſtration phyſico-mathématique ; elle eſt ſeule propre à manifeſter dans toute ſon étendue l'influence du Principe de la Reſonnance ſur l'oreille, & la maniere dont il concourt perpétuellement avec celui des rapports dans toute ſenſation muſicale.

C'eſt auſſi à mon ſens cette ſeule Succeſſion qui mérite à juſte titre le nom de Bouſſole perpétuelle de l'oreille, & contre laquelle par conſéquent le Muſicien de pure pratique ne trouvera de la part de cet organe aucune ſorte de préoccupation, dès qu'on lui en indiquera la vraie progreſſion, comme je l'ai ſuffiſamment éprouvé.

Mais ce que le Muſicien de pure pratique ne ſentira pas aſſez-tôt , c'eſt l'importance de l'intelligence de cette Succeſſion pour arriver à une connoiſſance parfaite de la Théorie de l'Harmonie , & de l'application de cette Théorie à la Pratique.

» Le ſimple Muſicien de pratique , dit M. Rameau » à la fin du Livre de la *Génération harmonique* , » a toujours mépriſé la ſource de la Science dont » il veut ſe parer. A quoi ſervent tous ces Calculs , » dit-il , à quoi bon ces Comma , &c , lorſque je » fais de la bonne Muſique ſans cela ? Ces Calculs , ces Comma nous ſerviront à reconnoître les vrais Sons fondamentaux ; ceux auſquels les titres de Tonique , de Dominante ou de Soudominante peuvent appartenir.

Réflexion ſur le peu de néceſſité d'avoir recours à un Tempérament pour l'intelligence de l'Harmonie.

Une des conſéquences importantes de l'intelligence de la Succeſſion vraiment fondamentale , c'eſt celle qui découvrira l'inutilité pour la Théorie (*n*) ,

(*n*) On pourroit concevoir que le Genre enharmonique moderne eſt fondé ſur le Tempérament ; mais il eſt aiſé de prouver que le Tempérament ne fait que faciliter l'execution de ce genre de Muſique , qui eſt fondé lui-même , auſſi-bien que le Tempérament, ſur un Principe phyſique , ſur l'indulgence de l'oreille à l'égard de l'extrême préciſion harmonique des

de toute suppofition de Tempérament, dont la connoiffance uniquement relative à la commodité de
l'exécution n'eft proprement que la Théorie des
Inftrumens bornés ou à touches, & de la Méthode
de les accorder ; Théorie particuliere qui ne peut
qu'être fubordonnée à la Théorie générale de l'Harmonie, mais non pas réciproquement.

La fuppofition d'un Tempérament conçu comme effentiel à l'intelligence de la Succeffion des
Accords, me paroît uniquement propre à arrêter
les progrès d'un Calcul lumineux, & toujours affez
fimple pour ne devoir jamais être négligé dans une
Science auffi phyfico-mathématique, que l'eft, ou
que peut le devenir la Théorie de l'Harmonie.

Le Calcul des Comma néceffaire en Théorie.

Je penfe même que cette Théorie doit tenir un
compte d'autant plus exact des Comma que notre
maniere de noter quelque diftincte qu'elle foit à
l'égard des Quarts-de-ton qué le Clavecin anéantit
entre un B-mol & le Dieze voifin, fe trouve dé-
fectueufe & trés-équivoque à l'égard des Comma, & nous engage ainfi à confondre à chaque
inftant des intervalles (o) dont la différence n'en

Sons qui compofent un Accord, & en particulier celui de la
Septiéme diminuée.

(o) Par exemple, la Tierce mineure jufte, dont les Sons

est pas moins essentielle, & n'en est peut-être que plus digne d'attention, pour paroître subtile : il me paroît du moins que certains grands effets d'Harmonie sont dûs en bonne partie à une *Liaison-harmonique* (*p*) dans laquelle le Son qui la forme, & qu'on suppose demeurer sur le même dégré en passant d'un Accord à un autre, se trouve cependant, quant au fond de l'Harmonie, monter ou descendre d'un Comma (*q*).

Genre de Musique anonyme, quoique d'un usage très-fréquent.

Les cas où de pareilles transitions ont lieu sont si fréquens & si remarquables par leur effet, qu'ils mériteroient bien d'être distingués & désignés comme formant en Musique un genre particulier, un

sont entre eux comme (5 : 6) avec la Tierce mineure foible qui s'exprime par le rapport (27 : 32).

(*p*) C'est sans doute bien plus dans le rapport des Sons fondamentaux, que dans la continuation d'un Son d'un accord à l'autre, qu'on doit chercher la raison qui les lie, qui justifie leur succession. La liaison ou la connexion fondamentale étant bien plus essentielle entre deux accords consécutifs que la communauté d'un de leurs Sons, qui n'en est qu'une suite plus ou moins nécessaire.

(*q*) Bien entendu qu'en pareil cas l'oreille conçoit à sa façon, c'est-à-dire, confusément dans la Mélodie, ce petit mouvement d'un Comma qui échappe à la réflexion, soit qu'il s'execute en effet sans qu'on y pense, ce qui peut très bien arriver dans un mouvement lent ; soit qu'il ne soit que

genre différent du Diatonique , du Chromatique & de l'Enharmonique moderne ; on pourroit en conséquence le nommer le Genre *diacommatique*. Les espéces de Paralogifmes harmoniques aufquels il donne lieu à la faveur du double fens , du double emploi qu'il confére à une Note , font d'un ufage bien plus précieux dans l'Harmonie , que les fophifmes ou inconféquences muficales qu'occafionne l'Enharmonique moderne , & dont on ne peut guéres faire ufage qu'à titre de licence , & dans des cas particuliers , où l'expreffion autorife une infraction des Loix de la Succeffion fondamentale que le Tempérament favorife.

On trouvera quantité d'exemples de ce Genre *diacommatique* , particuliérement lorfque la Modulation paffe fubitement du majeur au mineur , ou du mineur au majeur (*r*). C'eft fur - tout dans

---

foufentendu en vertu de la Succeffion fondamentale qui l'occafionne : par exemple, lorfque dans le Mode majeur d'*ut* , le *la* (80) Tierce majeure de *fa* (32) fuppofé dans la Baffe, devient immédiatement après Quinte (81) de *re* (27) qui dans la Baffe fuccede très bien au *fa* , le Muficien qui entonne le *la* doit naturellement lui donner les deux intonnations 80 & 81 , fi la Baffe qu'il entend execute exactement le *fa* & le *re* , felon leur jufte rapport (32 : 27), & s'il veut chanter la Quinte jufte. *Voyez Elémens de Mufique théoriq. & pratiq. pag*, 39. §. 63.

(*r*) Comme dans la Folie d'Efpagne au troifiéme temps de la troifiéme mefure : on peut y concevoir que la Tonique *re* (80) monte d'un Comma pour former la feconde

l'*Adagio* que les grands Maîtres, quoique guidés uniquement par le sentiment, font usage de ce Genre
de transitions, si propre à donner à la Modulation une apparence d'indécision, dont l'oreille &
le sentiment éprouvent souvent des effets qui ne
sont point équivoques.

Conjecture sur le fondement de l'Enharmonique des Grecs.

On pourroit peut-être même conjecturer que le
Genre enharmonique des Anciens, sans doute
bien différent du moderne, pouvoit en partie
être fondé sur ce Genre, sur cette transition *diacommatique*, sur la distinction des Comma. Pour
mieux concevoir le fondement de cette conjecture,
on peut imaginer un Tempérament tout opposé à
celui du Clavecin, un Tempérament (si je puis
lui donner ce nom) qui au lieu d'anéantir les Comma, les doubleroit, & les convertiroit ainsi en autant de Quarts-de-ton, afin de les rendre plus sensibles dans l'exécution.

re (81) du Mode majeur d'*ut*, lequel se déclare dans la mesure suivante, & se trouve ainsi quoique subitement ame-
né par ce *Paralogisme* musical, par ce double emploi du *re*.

Lors encore que pour passer brusquement du Mode mineur
de *la* en celui d'*ut* majeur, on change l'accord de Septiéme
diminuée *sol* 𝄪, *si*, *re*, *fa*, en accord de simple Septiéme
sol, *si*, *re*, *fa*, le mouvement chromatique du *sol* 𝄪 au *sol*

De cette maniere on pourra se former l'idée d'un Genre enharmonique relatif à une Basse fondamentale réguliere, & qui se trouvera en même temps très-différent de l'Enharmonique moderne, s'il ne coïncide pas avec l'ancien. L'espece de Tempérament, ou la Méthode d'accorder ainsi enharmoniquement un Instrument à cordes, s'écarteroit moins dans le fond de la précision harmonique de l'intonnation dans un sens, que ne le fait à divers égards le Tempérament du Clavecin dans le sens opposé ; un Comma doublé n'altere en effet que d'un demi-Comma chacun des deux Sons qui le forment, au lieu que les Quarts-de-ton anéantis dans le Clavecin, altérent d'environ un Comma ou de la moitié d'un Quart-de-ton chacun des deux Sons confondus. Au reste le Tempérament, ou l'Accord enharmonique dont je parle, ne seroit relatif qu'à quelques Modulations particulieres ; au lieu que le Tempérament moderne a l'avantage de l'être à-peu-près également à tous les Tons pratiquables, sur-tout dans la supposition que les douze demi-Tons de l'Octave y soient tous rendus égaux.

Autre Conjecture sur le même sujet.

Mais l'Enharmonique des Anciens, à en juger

naturel est bien le plus sensible, mais il n'est pas le seul, le *re* monte aussi d'un mouvement *diacommatique* de *re* 80, à *re* 81 ; quoique la Note le suppose permanent sur le même degré.

feulement par ce que nous connoiſſons de leurs Te-
tracordes dans ce genre , ſemble devoir principalement ſon origine à un Son , qui , quoique réputé faux à l'égard des autres Sons muſicaux , à
l'égard même du Son fondamental qui en eſt le
générateur phyſique , ne laiſſe pas de ſuivre de fort
près la dix-ſeptiéme majeure dans l'ordre de la Génération harmonique des divers Sons contenus dans
la Reſonnance d'un Corps ſonore. Le Son dont je
parle eſt celui qui eſt déſigné par le nombre 7 dans
la ſuite naturelle des nombres 1. 2. 3. 4. 5. 6.
7. 8. 9. &c. conſiderés comme exprimant les divers Sons qui exiſtent enſemble dans cette Reſonnance , mais plus ou moins ſenſiblement. C'eſt de
ce Son repréſenté par le nombre 7 , & ce n'eſt peut-
être que de lui ſeul qu'on peut dériver aſſez exactement le fondement naturel de la ſeconde corde
du Tétracorde enharmonique (ʃ) , qui , comme on
ſait , diviſoit en deux parties le demiton majeur ,
qu'il y avoit de la premiére corde à la troiſiéme.

Voici comment on peut juſtifier cette idée ; le
Son de la premiere corde de ce Tétracorde étant
nommé *mi* peut être ſuppoſé tierce majeure d'*ut* ; le
Son de la ſeconde corde , qui eſt un *mi* 𝄪 , peut paſſer pour un Son harmonique de *ſol* , pour celui-

(ʃ) On ſçait que ce Tétracorde étoit compoſé de quatre
cordes , dont les ſons répondent à ces quatre Notes *mi* , *mi* 𝄪 ,
ſa , *la* ; & formoit ainſi deux Quarts-de-ton & une Tierce
majeure.

là précisément que désigne le nombre 7 , lorsque *sol* eſt exprimé par 1 , 2 ou 4. L'intervalle 4 : 7 de *sol* à *mi* 𝄪 , ſe trouve former une Sixte. ſuper-flue aſſez juſte , enſorte qu'il reſte un petit Quart-de-ton , un Quart-de-ton enharmonique de ce *mi* 𝄪 au *fa* ſeptiéme mineure du même Son fondamental *sol*. On voit ainſi que le *mi* 𝄪 pouvoit ſuivre ou précéder le *mi* naturel , en vertu de ſa qualité de Son harmonique (*t*) de *sol* & de la Suceſſion fondamentale de *ut* , à *sol* ; ou de *sol* , à *ut* ; il pouvoit encore ſuivre très-bien le *fa* , en vertu de la Suceſſion fondamentale de *fa* à *sol* , que la Théorie moderne voudroit en vain condamner comme vicieuſe , ſans faire aſſez d'attention que c'eſt condamner une des belles conſéquences du Principe de la Reſonnance , celle peut-être qui en démontre le plus ſenſiblement l'influence ſur l'oreille , comme j'aurai bientôt occaſion de le prouver.

Ce que je viens de propoſer peut ſuffire pour faire comprendre que l'Enharmonique des Grecs n'étoit pas abſolument auſſi biſarre , auſſi deſtitué de fondement dans la Baſſe fondamentale qu'on pourroit le penſer : on peut en conſéquence concevoir que cet ancien Genre pouvoit fournir à la Mélodie , ſur-tout à une Mélodie récitante , des intervalles que leur extrême petiteſſe rendoit très-propres aux expreſſions de molleſſe & de langueur (*u*) , aux ex-

(*t*) Au moins dans un ſens phyſique.
(*u*) Auſſi le Genre enharmonique fut-il condamné par les

preſſions de ſentimens qui ſuppoſent dans l'ame , & en conſéquence dans l'organe vocale , une ſorte d'*inertie* , un penchant à ne former que les plus petits intervalles mélodiques , que l'Harmonie , qu'une Succeſſion fondamentale très-naturelle puiſſe ſuggérer.

Il n'eſt pas ſurprenant que la Théorie qui noye , pour ainſi dire , les Comma & les Quarts-de-ton dans le Tempérament moderne , & qui outre cela bannit de l'Harmonie , ſans aucune modification , ſans aucune réſerve , le Son qui dans la génération phyſique des Harmoniques forme cette Sixte ſuperflue exprimée par le rapport (4 : 7), comme un Son *faux & non harmonique* (*x*), il n'eſt , dis-

Anciens mêmes, comme étant trop efféminé dans ſes expreſſions.

(*x*) Génér. Harmonique , p. 62. Les Italiens ne laiſſent pas de faire uſage de l'intervalle dont il s'agit ici dans l'accord de Sixte ſuperflue , *ut* , *mi* , *fa* 𝄪 *la* 𝄪 , dont M. Rameau ne fait aucune mention (que je ſache) dans ſes Ouvrages. Il eſt vrai que dans cet Accord la Sixte ſuperflue le *la* 𝄪 , doit principalement être conſiderée comme tierce majeure de *fa* 𝄪 , ſecond Son fondamental dans cet Accord , dont *ut* eſt le premier & le prédominant : mais un Son peut avoir un double fondement dans le même Accord , & rendre en conſéquence cet Accord d'autant plus praticable ; c'eſt ce qui eſt très ſenſible dans l'Accord parfait mineur *la* , *ut* , *mi* , dont la quinte *mi* étant en même-tems Son harmonique de *la* & d'*ut* , ſe trouve ainſi porter ſur un double fondement. Il en ſera à peu près de même dans l'Accord de Sixte ſuperflue *ut* , *mi* , *fa* 𝄪 , *la* 𝄪 : rien n'empêche d'y conſiderer le *la* 𝄪 comme Son harmonique

je, pas furprenant que cette Théorie ne nous donne aucune lumiere fur l'origine & fur la poffibilité de l'Enharmonique des Anciens, & qu'elle ne puiffe tirer d'une Baffe fondamentale par Quintes aucun intervalle plus petit que le demiton *diatonique*, ou *majeur*.

Comparaifon de la Baffe effentiellement fondamentale avec la Baffe méthodique.

Mais je reviens à la Succeffion que j'ai nommée effentiellement fondamentale : je ne doute nulle-ment que M. Rameau n'ait eu très fouvent en vûe cette Succeffion, avec laquelle fa Baffe méthodi-que coïncide bien plus fréquemment que ne fait en général la Baffe continue.

C'eft ce que j'ai cru pouvoir remarquer en dif-férens beaux endroits du *Traité de l'Harmonie*, & de fes autres Ouvrages théoriques; où il releve avec autant de force que de raifon les prérogatives de la Baffe fondamentale; mais fouvent auffi en des ter-mes peut-être moins applicables à la Baffe méthodi-que, à la Baffe fubordonnée à la feptiéme, qu'à la vraie Succeffion fondamentale.

La difficulté étoit fans doute de former un Syftê-

de deux Sons fondamentaux, comme Sixte fuperflue d'*ut*, & tierce majeure de *fa* ✖. *Voyez ci-devant pages 45 & 46.*

La Succeffion fondamentale qui a lieu dans les cas où eet Accord s'employe, confirme & éclaircit cette idée.

me

me de Baſſe fondamentale qui réunit les avantages théoriques & pratiques de ces deux genres de Succeſſion, qui en pluſieurs cas ne pouvoient que différer eſſentiellement.

Le deſſein de conférer à la ſeule Septiéme l'empire de la Diſſonnance étoit trop peu compatible avec l'idée d'une Succeſſion, qui toujours ſubordonnée (*) à l'ordre le plus naturel & le plus harmonique des Sons, dont elle eſt le fondement, n'a pas les mêmes égards pour cet intervalle diſſonnant. Quelque fréquent, quelque excellent que ſoit dans la pratique de la Compoſition l'uſage de la Septiéme, il n'eſt pas moins vrai que la Septiéme mineure, & la Septiéme diminuée (**) ſont deux intervalles renverſés, c'eſt-à-dire, deux intervalles dont le Son grave n'eſt point naturellement le Son fondamental de l'aigu, mais plutôt le contraire; comme j'aurai bientôt occaſion de l'expliquer & de le prouver par le Principe de la Reſonnance.

Il n'eſt pas étonnant, vû l'impoſſibilité de concilier ces deux genres différens de Succeſſions, que M. Rameau ait pris le parti qui s'eſt trouvé bien plus analogue à une grande Pratique acquiſe, & au langage ordinaire des Muſiciens, qu'aux

---

(*) C'eſt à-dire à une Succeſſion uniquement compoſée de Sons véritablement & phyſiquement fondamentaux à l'égard des Sons qu'ils portent.

(**) La ſeule Septiéme majeure, comme de *ut* à *ſi* (8 : 15) peut paſſer pour intervalle direct.

D

vrais Principes de l'Harmonie, & qu'il ait suivi en conséquence la Méthode presque inévitable pour un Artiste, de subordonner dans un grand nombre de cas la Science à l'Art, le Calcul au Tempérament, en un mot, la Théorie à la Pratique. La plûpart des Musiciens, qui ont prétendu rendre raison des Régles de la Composition, n'ont pas sçu remonter aux premiers Principes, qu'ils ont vainement cherchés dans la Mélodie, dans la Gamme qui leur paru la plus naturelle ; d'autres qui ont reconnu les premiers Principes, ou quelques-uns du moins de ces Principes, n'ont pas sçu en faire l'application dans le détail de l'Harmonie : M. Rameau a bien prouvé dans plusieurs occasions, que ç'a été en particulier le cas du savant & célébre Zarlin ; & que ce grand homme, après avoir *reconnu de bons Principes, les perd bientôt de vûe dans ses Opérations & dans ses Régles.*

Quelque grande, quelque heureuse qu'ait été l'attention de l'illustre Théoriste moderne dans ses divers Ouvrages, pour éviter de tomber dans de pareilles inconséquences, il étoit bien difficile de la part d'un Théoriste praticien, & dans une matiere aussi philosophique, d'être entiérement exempt d'un défaut, qu'il remarque avec raison dans ceux qui ont couru avant lui la même carrière.

Quelque facile qu'il soit de reconnoître les vrais Sons fondamentaux & leur progression dans les Modulations les plus simples & les plus décidées, il ne l'eſt pas de même lorſqu'il s'agit de Modulations mixtes ou indéciſes , & de tranſitions preſque imperceptibles du Mode majeur au Mode mineur , ou *vice verſâ*.

Exemples de la différence entre les deux genres de Baſſe fondamentale.

A ces Réflexions générales ſur les deux genres de Baſſe fondamentale , qui peuvent en faire remarquer en gros la différence , il ne ſera pas inutile de joindre quelques obſervations particuliéres , qui puiſſent rendre cette différence plus ſenſible.

Les Queſtions qui terminent la diſſertation de M. de B. m'invitent d'ailleurs à m'expliquer ſur quelques cas particuliers. Auſſi n'ai - je deſſein de répondre à ces Queſtions, qu'autant qu'on eſt en droit de me les propoſer ; qu'autant qu'elles me préſentent l'occaſion d'éclaircir ce que j'ai avancé au ſujet de la Succeſſion eſſentiellement fondamentale , & du double fondement ſur lequel porte néceſſairement tout Accord diſſonnant.

Ces Queſtions de M. de B. ſont même en partie énoncées trop vaguement (*y*) , pour être également ſuſceptibles d'une Réponſe aſſez ſimple ou aſſez déterminée : il n'imagine peut-être pas combien de Queſtions je puis concevoir dans une ou deux de celles qu'il me propoſe comme très-ſimples. Il ne

(*y*) Sans doute faute d'*Exemples*.

D ij

doit pas s'attendre à plus de précision dans ma Réponse à ſes Queſtions, que je n'en trouve dans la maniere dont il les énonce. Je me bornerai donc aux Remarques ſuivantes.

Fondement de l'Accord de Septiéme mineure.

L'accord de *Septiéme ſol*, *ſi*, *re*, *fa*, dans le Mode d'*ut*, porte eſſentiellement ſur les deux Sons fondamentaux du Mode, la Dominante *ſol*, & la Soudominante *fa*.

Le Mode naturel d'*ut* ne renferme que les ſept Sons de la Gamme, *ut*, *re*, *mi*, *fa*, *ſol*, *la*, *ſi*, dont trois ſeulement *fa*, *ut* & *ſol*, peuvent paſſer pour Sons fondamentaux dans ce Mode. Quelque prérogative que puiſſent avoir dans le cours de la Modulation, la Tonique & la Dominante ſur la Soudominante; celle-ci jouit du moins du privilége d'être celui des trois Sons fondamentaux du Mode, auquel la qualité fondamentale appartient le plus eſſentiellement : cette Soudominante eſt en quelque ſorte la racine, la baſe phyſique du Mode, le Son générateur ou fondamental, bien qu'il n'en ſoit pas le principal Son, ou la Tonique; ni celui même qui y domine le plus après la Tonique. Cette Tonique *ut* & ſa Quinte *ſol* peuvent être, & ſont ſouvent ſimplement Quintes, c'eſt-à-dire, Harmoniques d'un autre Son *ut* de *fa*, & *ſol* d'*ut*. La Soudominante *fa* n'eſt & ne peut jamais être

dans ce cas ; elle eſt naturellement & eſſentiellement le Son (ou l'Octave du Son) le plus grave des ſept Sons de la Gamme *ut*, *re*, *mi*,
fa, &c., à prendre ces différens Sons dans l'ordre de leur génération harmonique, c'eſt-à-
dire, dans l'ordre le plus analogue à celui qu'ob-
ſervent toujours entre eux les Harmoniques naturels
dans la Reſonnance d'un Corps ſonore : par conſéquent dans le Mode d'*ut*, *fa* ne peut être que
Son fondamental lui-même, ou l'Octave d'un *fa*
fondamental ; il ne peut ſe trouver à l'aigu d'aucun
des autres Sons du Mode, qu'en vertu d'un renverſement, qui ſubſtitue à un Son fondamental une de
ſes Octaves : il ne peut donc être cenſé appartenir à l'Harmonie proprement dite, ni de la Dominante *ſol*, ni de *re* Quinte de cette Dominante (χ) qu'en faiſant une ſuppoſition, qui, quelque

(χ) On ſait que l'intervalle de *re* à *fa* dans le Mode majeur, n'eſt point ce que la pratique ſuppoſe, une vraie Tierce
mineure ; auſſi n'eſt-elle que le renverſement d'un Sixte trop
fort de *fa* à *re*, (16 : 27) laquelle n'eſt elle-même que la
ſomme de trois Quintes $\overset{1}{fa}$, $\overset{3}{ut}$, $\overset{9}{ſol}$, $\overset{27}{re}$, ramenée dans les
bornes de l'octave. La reſſemblance que ces deux intervalles,
cette Tierce mineure foible, & cette Sixte majeure forte, ont
quant à leur étendue avec les deux intervalles juſtes qui portent les mêmes noms, nous permet bien de les confondre,
ſoit dans un tempérament ſubordonné à la facilité de l'exécution, ſoit encore dans la maniere de les noter ; mais cette
reſſemblance ne diſpenſe nullement, dans une Théorie exacte,

conforme qu'elle foit au langage de la Pratique, n'eft pas moins contraire au Principe phyfique de la Refonnance.

Principe qui décide de la direction & de l'inverfion des Intervalles.

Pour pouvoir déterminer la *Direction* ou l'*Inverfion* d'un intervalle, il faut néceffairement avoir recours à un Principe fixe & propre à déterminer celle de ces deux qualités qu'on doit attribuer à cet intervalle. Tel eft, fans contredit, le Principe de la Refonnance

C'eft ce principe feul qui nous fait connoître l'ordre le plus naturel, l'ordre direct des différens Sons qui compofent les divers Accords, à les confiderer du moins en eux - mêmes , c'eft - à - dire indépendamment de toute Mélodie , & de tout ce qui peut les précéder (*a*) ou les fuivre.

de diftinguer avec foin des intervalles qui , malgré leur rapport d'intonation, & la confonnance accidentelle qui en réfulte , peuvent dans le fond & relativement à la Succeffion de l'Harmonie , être cenfés diffonnans , & affectent en effet l'oreille comme tels.

(*a*) C'eft à mon fens dans les Principes de la Mélodie qu'on doit chercher la principale raifon du renverfement très-fréquent des Accords dans la pratique de la Compofition : fi le Principe phyfique de l'Harmonie engendre tous les Sons & tous les Accords dans un certain ordre , qui par cela même doit être cenfé l'ordre direct de ces Sons ou de ces Accords; la Mélodie dans une Compofition muficale , jouit du privi

Selon ce principe il eſt aiſé de démontrer que l'intervalle de Septiéme mineure *ſol*, *fa*, (9 : 16)

lege de les arranger, de les tranſporter d'une Octave à l'autre, d'en renverſer l'ordre & de les élaguer, ſelon que les Principes qui lui ſont propres peuvent l'exiger.

M. Rameau reconnoît avec raiſon, que l'Accord parfait majeur produit un effet & une harmonie admirable, lorſque les Sons qui le compoſent ſont diſpoſés dans l'ordre direct ¹ ² ³ ⁵ *ut*, *ut*, *ſol*, *mi*, que la Nature elle même nous indique : il ſe félicite avec fondement d'avoir réuſſi à le faire exécuter ſelon cette diſpoſition dans l'Acte de Pigmalion, auquel le Public a ſi juſtement applaudi. *Voy. Demon. du Prin. de l'Harm. p. 28.*

La Nature n'indique pas moins l'ordre le plus direct, le plus harmonique des Sons qui compoſent les différens Accords diſſonnans, à les conſiderer en eux-mêmes. Il eſt naturel de demander pourquoi, lorſqu'il s'agit de pratique, le Muſicien obſerve rarement cet ordre dans l'emploi de ce dernier genre d'Accords; ou du moins ne paroît pas avoir plus de goût pour cet ordre direct que pour celui qui en eſt le renverſement, & même en pluſieurs cas qualifie de renverſement plus ou moins impraticable cet ordre qui paroît le ſeul direct; comme il ſeroit aiſé de le prouver, & comme la ſuite aidera ſuffiſamment à l'entendre.

La principale raiſon de cet uſage, mais qui n'eſt peut-être pas l'unique, c'eſt celle qui eſt tirée de la dépendance mutuelle, où l'Harmonie & la Mélodie ſont l'une à l'égard de l'autre. C'eſt donc principalement par égard pour le chant des Parties que l'Harmonie ſe trouve très-ſouvent obligée de faire à la Mélodie le ſacrifice de l'ordre direct, de l'ordre le plus analogue au Principe de la Reſonnance, dès qu'on a réſolu de conſerver ce même ordre naturel dans les Accords parfaits & caractériſtiques de la Modulation, & particuliérement dans l'Accord initial & dans le final.

D iiij

eſt renverſé de l'intervalle direct de neuviéme ou ſeconde majeure *fa*, *ſol*, (1 : 9) ou (8 : 9) & que par conſéquent le *fa*, (1. 2. 4 ou 8.) eſt bien plutôt Son fondamental & générateur de *ſol* (9), que ce *ſol* ne l'eſt de *fa* (16).

Ainſi dans l'accord de Septiéme *ſol*, *ſi*, *re*, *fa*; *ſol*, qui eſt indubitablement fondamental à l'égard de ſa Tierce *ſi*, & de ſa Quinte *re*, ne peut l'être de *fa*, qui eſt eſſentiellement fondamental lui-même, ou octave d'un *fa* fondamental. Il y a donc dans l'Accord *ſol*, *ſi*, *re*, *fa*, deux Sons eſſentiellement fondamentaux *fa* & *ſol*, & cet Accord eſt lui-même renverſé de l'Accord plus direct de Triton

$$\overset{1}{fa}, \overset{9}{ſol}, \overset{27}{re}, \overset{45}{ſi},$$ dans lequel *ſol* n'a l'avantage de prédominer, qu'à la faveur de ſes deux Harmoniques immediats *re* & *ſi*, dont il eſt accompagné.

Cela peut ſuffire pour prouver la réalité du double fondement, qu'il importe en Théorie de reconnoître dans l'Accord de Septiéme mineure ſur la Dominante du Mode; de même que dans tout autre Accord diſſonnant, dès qu'il s'agit de le réduire à ſes vrais principes; & d'établir en conſéquence la véritable Succeſſion des Sons fondamentaux.

Origine naturelle de la Diſſonnance.

C'eſt préciſément dans cette Succeſſion fondamentale que ſe trouve l'origine la plus ſimple & la plus évidente de la Diſſonnance, & en particulier celle de la Septiéme mineure, ou de la Seconde majeure *fol*, *fa*, ou *fa*, *fol*. Ces deux Sons fondamentaux, qui chacun féparément peuvent très-bien fucceder à la Tonique *ut*, & la préceder, ont encore pû le faire conjointement, dès que leur conjonction n'a formé qu'une diffonnance affez douce ; foit qu'ils ayent été employés feuls, foit que l'un des deux ait été encore accompagné de fes Harmoniques les plus naturels, comme l'eft *fol*, dans l'Accord de Septiéme *fol*, *fi*, *re*, *fa*, ou dans l'Accord plus direct de Triton *fa*, *fol*, *re*, *fi* ; foit encore lorfque l'un de ces deux Sons fondamentaux a cedé fa place à un de fes harmoniques les plus immédiats, comme le fait *fol* à fa Quinte *re*, dans l'Accord de grande Sixte *fa*, *la*, *ut*, *re*, ou dans l'Accord de Septiéme *re*, *fa*, *la*, *ut*, qui en eft le renverfement. Il eft évident que fi dans l'Accord *fol*, *fi*, *re*, *fa*, le Son *fa* ajoute une forte de Tierce mineure au-deffus de la Quinte de l'Accord parfait *fol*, *fi*, *re*, cette addition n'eft cependant nullement le principe de la Diffonnance ; mais plutôt une conféquence qui fuit néceffairement de la poffibilité de faire fucceder conjointement ces deux Sons fondamentaux *fa* & *fol* à la Tonique *ut* ; & pareillement de pouvoir leur faire fucceder cette même Tonique. En ce cas on voit que la Tierce de *re* à *fa* fe trouve en quelque forte accidentelle, & qu'elle n'eft que ce que cette origine de la Diffonance la condamne à être, une Tierce mineure trop foible d'un Comma.

Ce feroit, ce me femble, changer l'ordre naturel des chofes, que de regarder (ainfi que le fait M. Rameau dans fes Ouvrages théoriques) la rencontre de la Soudominante *fa* avec la Dominante *fol*, dans l'Accord de Septiéme, comme l'effet, & non pas comme le principe de la Tierce mineure prétendue ajoutée pour la formation de la Diffonnance.

C'eft donc effentiellement la Soudominante qu'on ajoute à la Dominante, & non pas une Tierce qu'on place au-deffus de la Quinte de cette Dominante; puifqu'en ce dernier cas cette Tierce devroit tout au moins être jufte, fi même elle devoit être plutôt mineure que majeure. Celle-ci, le *fa* ✕, eft la feule qui fe trouve exifter dans la Refonnance de la Quinte *re* : le Son qui la forme peut encore être cenfé exifter foiblement dans celle du fondamental *fol*, à l'égard duquel elle eft auffi Son phyfiquement harmonique, quoique moins immédiat, quoique diffonnant.

Pareillement dans l'Accord de grande Sixte *fa*, *la*, *ut*, *re*, ou dans fon renverfement *re*, *fa*, *la*, *ut*, il n'eft pas moins contre l'ordre naturel des chofes, de prendre le *re* comme l'effet de l'addition d'une Tierce mineure au-deffous de l'Harmonie de la Soudominante, Tierce mineure, qui en ce cas devroit auffi être jufte, ce qu'on fçait qu'elle n'eft point; elle n'eft donc que ce qu'elle peut être, dans la fuppofition que ce *re* eft la Quinte de *fol*, lequel par conféquent en eft l'origine, le générateur, en un mot le Son fondamental ; lors du moins que ce *re* n'eſt pas lui-même cenſé tel (*b*).

Fondement de l'Accord direct de grande Sixte, & de l'Accord de Septiéme qui en eſt renverſé.

Dans l'Accord de *Quinte-Sixte fa, la, ut, re*, il eſt aiſé de reconnoître que les trois premiers Sons portent ſur *fa* ; & que le quatriéme *re* peut paſſer ou pour fondamental, ou ſeulement pour Quinte de *ſol* ; ce qui eſt en général le plus naturel de ſuppoſer, pour ne pas multiplier ſans néceſſité les Sons fondamentaux de la Modulation.

Mais dans l'Accord de Septiéme *re, fa, la, ut*, qui en eſt le renverſement, on ne peut guéres ſe diſpenſer de regarder le *re* lui-même comme fondamental, & comme portant ſa Quinte *la*, bien que ce même *la* puiſſe auſſi y paſſer pour Tierce majeure de l'autre Son fondamental *fa*, en vertu d'un double ſens, d'un double emploi harmonique, que l'oreille peut attribuer à ce *la*, plus ſenſiblement dans ce cas-ci, que dans l'Accord direct *fa, la, ut, re*, où le *re* ſe trouve à l'aigu. Quoiqu'il en ſoit, il eſt aiſé de voir que ces deux Accords, le direct & le renverſé, por-

(*b*) On peut voir à cette occaſion le Chapitre onziéme du premier Livre des Elem. de Muſique théorique & pratique, &c. où l'origine de la Diſſonnance eſt priſe dans ſon vrai ſens ; d'où il ſuit évidemment que l'intervalle de Septiéme de *ſol* à *fa*, eſt formé par la rencontre de deux Sons fondamentaux.

tent l'un & l'autre fur un double fondement ; ou fur *fa*, & *fol*, ou fur *fa* & *re*.

Fondement de quelques autres Accords.

L'Accord de *Sixte ajoutée* fur la feconde Note du Mode majeur *re*, *fa*, *la*, *fi*, de même que les autres faces du même Accord, portent fenfiblement fur *fa* & *fol* ; fçavoir *fa*, & *la* fur *fa* ; & *re*, & *fi* fur *fol*.

L'Accord de *Septiéme diminuée fol* ♯, *fi*, *re*, *fa*, dans le Mode mineur de *la*, eft vifiblement compofé d'une partie de l'Accord parfait majeur *mi*, *fol* ♯, *fi*, fur la Dominante *mi*, & d'une partie de l'Accord parfait mineur *re*, *fa*, *la*, fur la Soudominante *re* ; il porte par conféquent fur un double fondement, fur cette Dominante *mi*, & fur la Soudominante *re* (*c*), en fuppofant du moins que *re* foit fondamental de *fa*, fa Tierce mineure jufte ; qualité qu'il n'a cependant pas dans le fens phyfique & analogue au Principe de la Refonnance (*d*). Ce que je dis de l'Accord de Septiéme diminuée s'entend naturellement auffi des autres faces de cet Accord.

L'Accord de *Sixte fuperflue ut*, *mi*, *fa* ♯, *la* ♯, eft un Accord formé de deux différentes Tierces ma-

(*c*) C'eft auffi ce qu'a très-bien remarqué l'ingénieux Auteur des Elémens de Mufique théorique & pratique, &c. p. 74. Art. 116.

(*d*) Voyez le troifiéme Effai.

jeures *ut* , *mi* ; & *fa* ♯♯ , *la* ♯♯ ; dont *ut* & *fa* ♯♯ ſont les fondemens reſpectifs.

Les principes de la Succeſſion fondamentale établiſſent ſuffiſamment la poſſibilité de la conjonction de deux Sons fondamentaux, dont l'un ſoit le Triton de l'autre , comme le *fa* ♯♯ l'eſt ici de l'*ut* naturel. Cette Succeſſion fondamentale admet en effet une progreſſion de Quinte en deſcendant comme de *ſol* à *ut* ; & de Septiéme majeure en montant , ou, ce qui eſt la même choſe, d'un demiton majeur en deſcendant, comme de *ſol* à *fa* ♯♯.

Que ſi cette double progreſſion fondamentale peut avoir lieu en même temps , elle amenera conjointement à la ſuite de *ſol* les deux Sons *ut* & *fa* ♯♯ comme fondamentaux d'un Accord très-diſſonnant, tel qu'eſt celui de Sixte ſuperflue dont il eſt queſtion. Il eſt vrai que le *fa* ♯♯ peut encore être cenſé luimême Son harmonique d'*ut* dans le ſens indiqué ci-devant dans la Note (*x*) page 47.

Fondement des Accords appellés Accords par Suppoſition.

Il n'eſt pas difficile de reconnoître le double fondement (*c*) des Accords nommés Accords par *Suppoſition*.

(*c*) Et quelquefois même le triple fondement. Au reſte , l'idée d'un Son ajoûté par *Suppoſition* au - deſſous du fondement d'un Accord, n'eſt dûe qu'à l'hypothèſe que tout

Dans l'Accord de *Neuviéme fa, la, ut, mi, fol,* il eſt aiſé de reconnoître *fa* & *ut* pour les deux Sons fondamentaux ; dont le premier, le *fa* (1.) eſt le plus eſſentiellement tel, comme ayant droit d'être cenſé le générateur naturel des quatre autres *la*[5]*, ut*[6]*, mi*[15]*, fol*[27]*,* qui font en effet ſes Harmoniques plus ou moins immédiats, c'eſt-à-dire, en partie conſonnans, en partie diſſonnans. On voit aiſément qu'il faudroit renoncer dans ce cas-ci au Principe de la Reſonnance, pour pouvoir imaginer 1°. que des cinq Sons *fa*[1]*, la*[5]*, ut*[6]*, mi*[15]*, fol*[27] ; ce n'eſt pas le *fa*, mais ſa Tierce majeure *la*, qui eſt la baſe, le Son fondamental de cet Accord diſſonnant ; & 2°. qu'en conſéquence ce *fa* doit paſſer pour un Son ſimplement ajoûté par *ſuppoſition*, c'eſt-à-dire ſuggeré ſeulement par le goût d'une Baſſe continue.

L'Accord de *Onziéme fol, re, fa, la, ut,* eſt évidemment fondé ſur *fa* & ſur *fol* ; ſçavoir, les trois Sons *fa, la, ut,* ſur *fa* ; & les deux autres *fol, re,* ſur *fol.*

L'Accord de *Septiéme ſuperflue ut, fol, ſi, re, fa,* porte ſur le même double fondement *fa* & *fol,*

Accord diſſonnant eſt naturellement un Accord de Septiéme, & ne porte que ſur un ſeul Son fondamental. En conſéquence de cette idée M. Rameau a été obligé de regarder le Son conçu ajoûté par *Suppoſition*, comme uniquement dicté par le goût d'une Baſſe continue, comme s'il pouvoit y avoir à cet égard un goût indépendant de la Succeſſion fondamentale.

puisqu'il contient les mêmes Sons , à un seul près , *si* Tierce majeure de *sol* , au lieu de *la* Tierce majeure de *fa*.

L'Accord de *Septiéme superflue* avec la *Sixte mineure* , *la* , *sol* ⸓ , *si* , *re* , *fa* , ne differe de l'Accord de *Septiéme diminuée* , qu'en ce que l'addition du *la* , y rend complet l'Accord parfait mineur *re* , *fa* , *la* , de la Soudominante *re* ; il porte par conséquent sur les mêmes fondemens.

Il est donc évident que si par *Son fondamental* , on entend le Son principal rendu par un Corps sonore , & par *Sons harmoniques* , ceux-là seulement qui l'accompagnent naturellement dans sa Réfonnance , on ne peut éviter de reconnoître sous les différens Accords diffonans une duplicité fondamentale , telle que je viens de la définir.

De la Progreffion fondamentale par Fauffe-quinte en defcendant.

M. de B. me demande *pourquoi dans la Progreffion fondamentale , il se trouve de* fa *à* si *un intervalle de Fauffe-quinte en defcendant ou de Triton en montant , deux intervalles, dit il , contraires à la Mélodie?*

M. de B. auroit pu naturellement commencer par me propofer la Queftion , si dans la Progreffion fondamentale j'admets une Succeffion, à l'égard de laquelle il femble avoir conçu quelques fcrupules.

Il me permettra de tenir cette Queftion pour

faite, & en conséquence d'y faire la Réponse suivante.

La Succession supposée fondamentale de *fa* à *si*, dans le cas d'une Modulation simple, c'est-à-dire, d'une Modulation renfermée dans les bornes du Mode d'*ut*, est, à mon sens, une Succession purement hypothétique, qui étant très-bonne dans la marche d'une Basse, peut bien être admise dans la Basse technique ou méthodique établie sur la supposition de pratique, que tout Son qui peut porter une Septiéme quelconque, peut s'arroger le titre de Son fondamental : mais cette Succession ne sçauroit, selon moi, avoir lieu dans une Progression proprement dite fondamentale, que dans le cas d'un changement très-brusque de Modulation, dont il ne s'agit pas dans cette occasion.

La raison en est évidente, non-seulement l'intervalle direct de Triton ou de fausse Quinte, qui en est le renversement, est dans ce cas-ci un intervalle sensiblement trop dissonnant pour la Progression fondamentale, qu'on suppose aisément devoir être très-simple dans sa marche ; mais il faudroit absolument renoncer au Principe de la Resonnance pour attribuer réellement la qualité de Son fondamental à *si* Tierce majeure de la Dominante *sol*, à un Son qui est essentiellement le plus aigu des sept Sons compris dans l'enceinte du Mode d'*ut* ; & cela immédiatement après *fa*, qui dans l'ordre immédiatement dicté par le Principe de la Resonnance,

en

en est essentiellement le Son fondamental le plus grave.

Il est donc évident qu'une Succession essentiellement fondamentale ne sçauroit admettre dans le cours d'une seule & même Modulation le passage immédiat de *fa* à *si*, c'est-à-dire, le saut d'une extrêmité du Mode à l'autre, du Son naturellement le plus grave, au Son naturellement le plus aigu.

Il est aisé de reconnoître que dans l'Accord de Septiéme *si*, *re*, *fa*, *la*, lorsqu'il s'agit du Mode majeur, de même que dans les deux Accords plus ordinaires de fausse quinte *si*, *re*, *fa* ; ou *si*, *re*, *fa*, *sol* ; *fa* & *sol* sont les vrais Sons fondamentaux ; soit que ce dernier Son y existe actuellement, soit qu'il n'y soit que sousentendu.

De la Progression fondamentale de Seconde majeure *en montant.*

Une inconséquence théorique bien marquée dans le Systême de la Basse méthodique ou téchnique, supposée fondamentale, c'est que la Succession de *fa* à *sol* s'y trouve sévérement condamnée, pendant qu'on y admet sans difficulté celle de *fa* à *si*, de *fa* à un harmonique de *sol* (*f*). La condamnation

---

(*f*) La nature de la Quinte de *si* à *fa*, dont on accompagne en ce cas cette Note sensible, Tierce majeure de la Dominante, démontre assez, sans parler de la Tierce mi

de la Succeſſion fondamentale de *fa* à *ſol*, paroît d'autant plus ſinguliere, que cette prohibition eſt fondée ſuf la difficulté même des trois Tons de ſuite que cette Succeſſion occaſionne dans la Mélodie, ſi l'on y monte diatoniquement du *fa* au *ſi*, & ſur la dureté du Triton qui ſe trouve entre ces deux Sons, deux choſes que M. Rameau ne ſuppoſe praticables qu'à la faveur d'un repos exprès ou ſous-entendu en *ſol*, en vertu duquel la Modulation eſt cenſée paſſer du Mode d'*ut* en celui de *ſol* (*g*).

J'imagine que dans cette occaſion j'aurai le bonheur d'être entendu de l'Auteur de l'*Harmonie théorico-Pratique* (*h*), qui a très-bien ſenti dans certain cas l'inſuffiſance de la Baſſe fondamentale de M. Rameau.

» *Lorſqu'il s'agit de la Compoſition à 4 & 5*
» *Parties*, (dit M. de Blainville) les Progreſſions
» de la Baſſe continue ſe trouvent ſouvent indépen-
» dantes de la Baſſe fondamentale «. On peut voir dans la troiſiéme Partie de ſon Ouvrage les exemples qu'il en donne d'après Corelli & autres Compoſiteurs anciens.

neure *ſi*, *re*, que le titre de Son fondamental ne lui convient qu'hypothétiquement, c'eſt-à-dire que très imparfaitement.

(*g*) L'Harmonie préſente un très-grand nombre d'exemples, où la ſuppoſition de ce repos, & du changement de Mode qu'on prétend qu'il occaſionne, paroît deſtituée de tout fondement.

(*h*) Ce Traité élementaire de Compoſition m'a paru clair, commode & concis.

Il eſt ſingulier qu'il ne ſe ſoit pas aviſé de rectifier cette Baſſe fondamentale, qui, ſelon lui, *tromperoit ſouvent, ſi on la prenoit toujours pour guide,* & de reconnoître que la Progreſſion, que la Théorie moderne repréſente comme une ſimple Progreſſion de Baſſe continue, celle de *fa* à *ſol*, n'en eſt pas moins une vraie Progreſſion fondamentale de la Soudominante à la Dominante, une Progreſſion très-légitime d'un Son fondamental à un autre Son fondamental du même Mode.

Théorie de la Progreſſion fondamentale d'un Ton majeur *en montant,* & *d'un* Demiton *en deſcendant.*

C'eſt évidemment au Principe de la Reſonnance & à la réalité de ſon impreſſion ſur l'oreille, que nous devons non-ſeulement la poſſibilité, mais auſſi l'excellence d'une Succeſſion fondamentale d'une Seconde majeure, d'un Ton majeur, c'eſt-à-dire, d'une double Quinte en montant, & par conſéquent d'un intervalle diſſonnant, tel qu'eſt celui de *fa* à *ſol*, dans le Mode d'*ut*.

Il eſt encore facile de trouver dans le même Principe phyſique la raiſon pourquoi ce même intervalle pris en deſcendant formeroit une Succeſſion fondamentale beaucoup moins bonne & moins naturelle qu'elle ne l'eſt en montant.

Il eſt manifeſte qu'en vertu de l'impreſſion de

ce Principe, nous entendons l'*ut* Quinte de *fa* quand
cette Soudominante refonne, & qu'au contraire lorfque c'eſt la Dominante *ſol* qui refonne, nous ne
trouvons dans ſa refonnance aucun ſentiment actuel
de cet *ut*, le ſeul terme moyen qui puiſſe nous faciliter le paſſage ſubit & immédiat d'un Son fondamental à un autre qui s'en trouve harmoniquement éloigné d'une double Quinte ou d'une Neuviéme.

La Succeſſion fondamentale d'un Ton majeur en
defcendant, comme de *ſol* à *fa*, qu'on peut nommer retrograde, paroît cependant avoir lieu en
pluſieurs cas : mais, ſi l'on y fait attention, on
pourra reconnoître que les conditions néceſſaires
pour l'autoriſer prouvent que cette Succeſſion eſt plus
apparente que réelle ; qu'elle n'a lieu qu'autant que
l'oreille peut aiſément s'y aider de la réminiſcence
d'un autre Son fondamental que du *ſol*, d'un Son
auquel elle puiſſe mieux lier le *fa* qui le ſuit.

C'eſt ce qu'on peut dire encore, quoique dans
un ſens oppoſé de la Succeſſion fondamentale d'une
Septiéme majeure en montant, ou d'un demiton
majeur en defcendant. Ce genre de Succeſſion très-
naturel de *ut* à *ſi*, quand cette Note ſenſible *ſi* devient la Dominante d'un nouveau Ton, ne l'eſt pas à
beaucoup près autant *vice verſâ* de *ſi* à *ut* (i). Le Prin-

----

(i) La Progreſſion ſuppoſée fondamentale de *la* à *ſol* ⨳,
& de *ſol* ⨳ à *la*, dans le Mode mineur de *la*, eſt une Progreſſion purement hypothetique imaginée en faveur de l'Accord

cipe de la Resonnance en suggére aisément la raison , de même que dans le cas précédent. Selon ce
principe tout intervalle direct doit être sensiblement
meilleur pour la Progression fondamentale que l'intervalle qui en est renversé. Les suivans , par exemple ,

$$\overset{1}{Ut},\ \overset{3}{sol}\ ;\quad \overset{1}{fa},\ \overset{9}{sol}\ ;\quad \overset{1}{ut},\ \overset{15}{si}\ ;$$

sont des intervalles que le Principe dont il s'agit
décide être directs ; ils sont donc chacun respective-
ment plus naturels & plus agréables à l'oreille que
les mêmes intervalles pris en sens contraire ,

$$Sol,\ ut\ ;\quad sol,\ fa\ ;\quad si,\ ut.$$

En ce sens-ci , ils ne peuvent paroître naturels qu'à
la suite de quelques Sons principaux , dont la
réminiscence puisse faire valoir une Succession peu
favorisée du Principe de la Resonnance.

De la Succession fondamentale de la Tonique à la seconde Note.

La Succession fondamentale d'*ut* à *re* , c'est - à-
dire , de la Tonique à la seconde Note du Mode ,
quelque bonne & légitime qu'elle soit par les rai-

de Septiéme diminuée , pour n'être pas obligé de reconnoître dans le Son *fa*, qui forme cette Septiéme, une Tierce ajoûtée au dessus du *re* , qui est lui-même la Tierce supposée
ajoûtée pour former la Septiéme mineure du vrai Son fondamental *mi* sousentendu dans cet Accord , mais exprimé dans
celui de Septiéme *mi*, *sol* ✕, *si*, *re* , de même que dans
celui de neuviéme *mi*, *sol* ✕, *si*, *re*, *fa*.

E iij

fons qui juftifient celle de *fa* à *fol* , n'eft cependant pas fi naturelle, ou du moins fi propre au Mode d'*ut* : elle indique par elle-même un changement de Mode ; elle annonce celui de *fol* , dont *ut* , & *re* font la Soudominante & la Dominante , pour le moment où elle a lieu : elle marque tout au moins une extenfion de la Modulation, qui en ce cas peut, fans abandonner le Mode d'*ut* , ni par conféquent fa Soudominante *fa* , empiéter fur le Mode le plus relatif , fur celui de *fol* , en empruntant un de fes Sons , la Quinte *la*[81] de fa Dominante *re*[17] ; mais très-rarement fa Note fenfible , le *fa* 𝕏 ; auffi long-temps du moins que la Soudominante d'*ut* , le *fa* naturel exifte.

De la Complication de la Modulation.

Ces deux Sons le *fa naturel* & le *fa dieze* fe donnant naturellement & réciproquement l'exclu-fion , l'admiffion du *fa* 𝕏 achéve ordinairement de décider la tranfition de la Modulation de C-fol-ut en G-re-fol ; comme pareillement la préfence du *fa* naturel prouve la continuation ou le retour du Mode d'*ut* ; foit qu'on admette encore un des Sons du Mode de *fol* , foit qu'on n'en retienne au-cun. On peut donc dire avec fondement que dans les cas affez rares, où ces deux Sons *fa* & *fa* 𝕏 (k), fe rencontrent enfemble , ils manifeftent pour ce

(k) Ces deux Notes *fa* & *fa* 𝕏 peuvent être regardées

moment l'exiftence d'une Modulation double , d'une Modulation qui embraffe toute l'étendue des deux Modes d'*ut* & de *fol* , puifqu'alors l'Harmonie renferme le *fa* qui eft le terme le plus grave du premier , & le *fa* ✕ qui eft le plus aigu du fecond. Par conféquent , en ce cas - ci comme en plufieurs autres , *le deffus peut être dans un Mode , & la Baffe dans un autre ;* & cela plus ou moins fenfiblement , plus ou moins parfaitement ; mais d'autant plus fréquemment & plus naturellement , que cette duplicité de Mode eft moins complette , & par conféquent moins dure.

Les enchaînemens d'accords de Septiéme fi connus dans la Pratique , font autant d'exemples de Modulation mixtes ou ambigues , dont la Baffe fup-

l'une & l'autre comme Notes caracteriftiques chacune du Mode auquel elles appartiennent. Chaque Mode a une double Note caracteriftique , l'une au grave, c'eft la Soudominante, & l'autre à l'aigu , c'eft la Tierce majeure de la Dominante , qui porte en conféquence le nom de Note *fenfible*. Ce n'eft auffi que par la concurrence du Son de la Soudominante avec celui de la Note fenfible que le Mode peut être exactement décidé, dans quelque endroit de la partition que les renverfemens de l'Harmonie puiffent les placer. Si la Pratique eût pu aifément diftinguer le *la* (80) Tierce majeure de *fa* , de *la* 81. Quinte de *re* , ces deux Sons auroient encore pû fervir à déterminer l'exiftence du Mode auquel ils appartiennent chacun en propre : mais la reffemblance de leur intonnation leur ayant fait donner un nom & un figne commun , & par conféquent équivoque , leur a en même temps ôté l'ufage qu'elles auroient autrement de nous avertir du Mode actuel.

poſée fondamentale (& qui en a véritablement le
caractere , auſſi long - temps qu'elle procéde par
Quintes) n'eſt cependant pas exactement telle à l'é-
gard des parties ſupérieures , qui au lieu de ſuivre
les tranſitions de Modulation que cette Baſſe ſemble ſuggérer , ſe renferme dans les ſept Notes d'un
Mode , & élude ainſi les Tierces majeures des Sons
de cette Baſſe ; c'eſt-à-dire , les Notes ſenſibles de
pluſieurs Modes , auſquels il ne manqueroit autre
choſe pour être décidés.

Origine du Chromatique en changeant ou en conſervant le genre du Mode.

C'eſt ſur la poſſibilité de paſſer ſubitement de
l'ambiguité à la déciſion , de la duplicité à la ſimplicité du Mode , *& vice verſâ* , qu'eſt fondé le Genre
chromatique ; ſoit 1°. que la Modulation ne paſſe que
d'un Mode majeur à un autre , comme de C-ſol-ut
en G-re-ſol (*l*) ; ſoit 2°. qu'elle paſſe du majeur au
mineur ou réciproquement. Mais on ne concevra bien cette Propoſition dans toute ſon étendue
qu'autant qu'on aura adopté l'idée de conſidérer le

(*l*) En faiſant ſuccéder, par exemple, l'Accord ſenſible *re*,
fa ✕ , *la* , *ut* du Mode de *ſol* , à l'Accord de Septiéme *re* , *fa* ,
la , *ut* , ſur la ſeconde note du Mode d'*ut* ; ce qui occaſionne
la tranſition chromatique, peut-ètre la plus naturelle, & dans
laquelle le demiton mineur de *fa* à *fa* ✕ (128 : 135), ſe trouve d'un Comma plus fort que le demiton mineur d'*ut* à *ut* ✕
(24 : 25), qui a lieu dans une tranſition chromatique du
Mode majeur d'*ut* , au Mode mineur de *la*.

Mode mineur comme une Modulation mixte ou dérivée de deux Modes majeurs, Modulation dans laquelle on ne peut former une cadence parfaite qu'en la simplifiant, qu'en la décidant en faveur de l'un des deux Modes, & particuliérement de celui qui y prédomine, & dont la Note sensible *sol* 𝄪, (s'il s'agit d'A-mi-la) donne l'exclusion à *sol* Dominante du Mode d'*ut*, du Mode qui dans la Composition de cette Modulation mixte, désignée sous le nom de Mode mineur, joue le second rôle, le rôle d'Associé subalterne (*m*).

*De la sixiéme Note du Mode majeur d'*ut*, & du* double emploi *dont elle est susceptible.*

On sçait, comme je l'ai supposé ci - devant, qu'il y a entre le Mode d'*ut* & celui de *sol*, la plus immédiate relation possible. Il en résulte que pour peu qu'on veuille introduire de variété dans une Composition musicale supposée en C-sol-ut, il est aussi difficile que peu nécessaire de renfermer exactement la Modulation dans les bornes d'un seul Mode, dans celui d'*ut* : il est naturel de se prévaloir d'un rapport entre ce Mode & celui de *sol*, qui nous permet, qui nous engage à profiter des deux (*n*) Sons *la* $\overset{81}{}$ & *fa* $\overset{135}{}$ 𝄪, qui sont propres au Mode de *sol* ; mais sur-tout du premier de ces deux Sons :

(*m*) Voyez le troisiéme Essai.

(*n*) *La* (81), est la seconde note, & *fa* 𝄪 la note sensible, c'est-à-dire la septiéme note du Mode de *sol*.

du *la* (81) fur lequel porte le plus fenfiblement le rapport intime de ces deux Modes.

Mais ce qui fert admirablement à rendre praticable cette extenfion de la Modulation, quelque fimplement qu'on veuille la traiter , c'eft l'extrême proximité d'intonnation entre *la* feconde Note de G - re - fol , & *la* fixiéme Note de C - fol - ut : ces deux Sons ne différant que d'un Comma , n'ont pû être aifément diftingués par le fimple fentiment de l'oreille & fans le fecours du Calcul. C'eft auffi ce grand rapport d'intonnation qui a engagé naturellement le Muficien à n'exprimer ces deux differens Sons , qu'avec une feule & même Note , & qui l'autorife , à plus forte raifon à les executer par le moyen d'une feule & même touche , du moins dans les Inftrumens bornés.

C'eft au refte fans néceffité , ce me femble , que dans l'Echelle diatonique du Mode majeur d'*ut* , M. Rameau croit devoir en ôter le *la* (80) Tierce majeure jufte de *fa* , & lui fubftituer l'autre *la* (81) Quinte de *re* Dominante du Mode de *fol*. L'Echelle diatonique d'un Mode doit contenir tous les Sons qui lui font propres ou effentiels , & nullement ceux qui appartiennent en propre à un autre Mode , quelque relatif qu'il puiffe être à celui dont on veut donner l'Echelle.

Il fuffifoit fans doute de remarquer que dans la Pratique lorfqu'il s'agit de moduler en C-fol-ut (*o*),

(*o*) Cette remarque s'applique en particulier très-bien à la

le Compositeur est fort le maître de traiter la sixiéme Note *la*, ou comme Sixiéme juste & proprement dite d'*ut*, comme Tierce majeure de *fa* ;
ou comme seconde Note du Mode de *sol*, pour
profiter de l'heureuse ambiguité, du double emploi harmonique de cette Note, & du Son qu'elle
désigne. La Pratique est en droit de confondre les
choses les plus faciles & les plus essentielles à distinguer en Théorie.

Lors donc qu'il s'agit de l'accompagnement
de cette Note, si commodément équivoque pour
la Pratique & pour l'exécution, le Compositeur (*p*)
est libre de la prendre dans le sens le plus analogue tant à ce qui précéde, qu'à ce qui doit suivre, & de la traiter en conséquence, ou comme
Tierce majeure de *fa*, ou comme Quinte de *re* ;
comme Sixiéme d'*ut*, ou comme Seconde de *sol*.
Il est aisé de prouver, que quoique le dernier cas
soit avec raison le plus ordinaire, il n'est pas l'unique. Il y a plus, lorsque *la* se trouve dans un

supposition qu'on veuille traiter la Gamme comme sujet, soit
en montant *ut*, *re*, *mi*, &c. soit sur-tout en descendant *ut*,
si, *la*, &c. Dans ce dernier cas, il seroit difficile d'employer
cette troisiéme note en descendant comme Tierce majeure de
fa ; la Modulation s'y trouve comme forcée de passer en *G-re-
sol*, & de se servir de *la* comme Quinte de *re*, pour éviter la
Succession fondamentale de Seconde majeure en descendant de
sol à *fa*, qui auroit lieu dans ce cas-ci, si *la* y étoit employé
comme harmonique de *fa*.

(*p*) S'il s'agissoit dans un Instrument à touches, de fixer le même Accord avec les deux Sons *fa* & *re* (*q*), rien n'empêche de fuppofer qu'il y exerce actuellement fon double emploi harmonique, & qu'il repréfente en même temps à l'oreille les deux Sons (80), & (81), que cette Note peut défigner.

C'eft particuliérement dans l'Accord de Septiéme *re*, *fa*, *la*, *ut*, où *la* fe trouve à l'aigu des deux Sons *re* & *fa*, qu'on peut très-bien lui attribuer ce double emploi actuel, au lieu que dans l'Accord direct de grande Sixte *fa*, *la*, *ut*, *re*, cette Note ambigue femble y repréfenter plus fenfiblement la Tierce majeure de *fa*, que la Quinte ou Quarte de *re*.

On peut inférer de là que dans ce dernier Accord, le *re*, peut n'être confideré que comme Quinte de la Dominante *fol*, au lieu que dans l'Accord renverfé *re*, *fa*, *la*, *ut*, le *re* a un droit plus fenfible d'être réputé lui-même fondamental, comme portant fa propre Quinte *la*. Ceft du moins ce qui s'accorde

ton de *la* relativement au Mode d'*ut*, il feroit à propos de déterminer lequel des deux Sons *la* (80) ou *la* (81), eft d'un plus grand ufage quant au fond de l'Harmonie, la Modulation étant en général fuppofée en *C-fol-ut* ; afin de pouvoir donner à la touche du *la*, l'intonnation la plus avantageufe. On pourroit préferer en conféquence celle de (81), comme étant en effet d'un plus grand ufage dans la pratique ordinaire de cette Modulation, qui eft rarement renfermée dans les bornes exactes du Mode d'*ut*.

(*q*) Il s'agit toujours de la Modulation fuppofée en *C-fol-ut* majeur.

très-bien avec l'ufage le plus ordinaire de ces deux Accords dans la Pratique (*r*). On comprendra donc aifément que toute la différence qu'il peut y avoir, quant aux Sons fondamentaux de ces deux Accords, fe réduit à ceci ; c'eft que l'Accord direct *fa* , *la* , *ut* , *re* , peut être cenfé porter fur *fa* & fur *fol* ; au lieu que l'Accord renverfé *re* , *fa* , *la* , *ut* , porte affez fenfiblement fur *fa* , & fur *re* rendu fondamental par le renverfement.

On voit donc en conféquence que le renverfement dans ce cas-ci , n'ôtant point à *fa* fa qualité de Son fondamental , vû furtout qu'il eft encore accompagné de ces deux Harmoniques *la* & *ut* , n'a tout au plus d'autre effet que celui de faire paffer cette qualité de *fol* à fa Quinte *re* ; & d'étendre ainfi plus fenfiblement la Modulation au-de-là des bornes exactes du Mode d'*ut* , dans lequel *re* ne doit pas paffer pour Son *fondamental* , ne peut être qu'*harmonique* de *fol*.

(*r*) On fçait que les deux Accords *fa*, *la*, *ut*, *re* ; & *re*, *fa*, *la*, *ut* , peuvent également être immédiatement fuivis de l'Accord de la Dominante *fol* ; mais non pas de celui de la Tonique *ut* , lequel fuccede mieux à l'Accord de grande Sixte , qu'à celui de Septième qui en eft le renverfement. Au refte l'inconvénient qu'il y a à faire fucceder immédiatement quelques Accords , procede fouvent bien moins d'un vice dans le fond de l'Harmonie , que de la difficulté d'éviter certains défauts dans la *Mélodie refpective* des Parties , comme deux Quintes de fuite , &c.

Observation sur le double emploi *conçu par* M. Rameau à cette occasion.

Il s'enfuit de-là que dans le renverfement dont il s'agit ici, il n'y a aucune néceffité d'avoir recours à la fuppofition plus ingénieufe que folide qui dépouille la Soudominante *fa* (1) d'une qualité qui lui eft effentiellement annexée, de celle de Son fondamental, pour en revêtir le *re* (27) *fa* Sixte forte d'un Comma ; & cela en imaginant dans la Baffe fondamentale un faut de trois Quintes, une fubftitution fubite du *re* (27) au *fa* (1) conçue & admife par l'oreille en faveur de l'Accord fenfible de la Dominante *fol*, lorfqu'il vient immédiatement après ; comme fi la Succeffion fondamentale de *fa à fol* n'étoit pas affez naturelle, affez fenfible par elle-même.

Cette fuppofition, qui me femble exifter bien plus dans l'imagination que dans l'oreille, n'a pu paroître fondée qu'autant qu'on a confondu deux idées très différentes, mais que la Pratique n'a pas encore affez diftinguées, celle de *Son grave* d'un Accord, & celle de *Son fondamental*. Les Muficiens ayant remarqué qu'un Accord eft fufceptible de plufieurs faces, mais qu'entre ces différentes faces il y en a ordinairement une qui paroît la plus naturelle ou du moins la plus fréquente, ont pu dans un très-bon fens donner le nom de *fondement*, le titre de *fondamental* à celui des Sons de cet Accord qui fe trouve le plus naturellement & le plus souvent dans la Basse, c'est-à-dire au grave de cet Accord ; sans s'informer du rapport que pouvoit avoir cette dénomination avec celle dont il s'agit dans la Théorie , & dont le sens se trouve déterminé par l'Ordre physique & harmonique des Sons contenus dans la Resonnance de tout Corps sonore, entre lesquels le Son principal est le seul qui puisse naturellement être censé fondamental.

Je conclue par conséquent que le *double emploi* qu'on peut concevoir dans le renversement de l'Accord *fa*, *la*, *ut*, *re* ; en *re*, *fa*, *la*, *ut* ; se réduit tout au plus à ce que la qualité *fondamentale* y passe de la Dominante *sol* à sa Quinte *re*, à laquelle Quinte le renversement transfere ainsi, du moins imparfaitement, la qualité de Dominante.

On voit donc que l'Accord *re*, *fa*, *la*, *ut*, peut passer pour un Accord mixte , quant à la Modulation , pour un Accord qui appartient assez également aux deux Modes d'*ut* & de *sol*. D'un côté c'est, à un Son près, l'Accord *sensible* de *re* Dominante du Mode de *sol* ; & de l'autre on jy trouve toute l'harmonie de *fa* Sou-dominante du Mode d'*ut*.

Selon la Loi la plus naturelle en fait de Progression fondamentale (*f*), un Son fondamental peut très-bien *monter*, & ne doit pas *descendre* d'une Seconde majeure, d'une double Quinte ; mais il peut très-bien descendre d'une simple Quinte : cela posé on concevra facilement quel est le Son fondamental

(*f*) Voyez ci-devant pag. 67. & suiv,

qui peut en même temps fuccéder aux deux Sons
fondamentaux *fa* & *re* réunis dans cet Accord ; on
verra aifément,

1°. que *fol* eft le Son qui dans la Succeſſion fondamentale peut le plus naturellement fuivre en même-tems *fa* & *re* ; puifqu'il eft d'un côté Seconde
majeure de *fa* en montant , & de l'autre Quinte
de *re* en defcendant ; &

2°, qu'*ut* eft exactement dans le cas contraire ;
qu'étant fimple Quinte de *fa* en montant , & Seconde majeure de *re* en defcendant , il peut bien leur
fuccéder , mais moins naturellement que *fol.*

A l'égard de ce qui peut fuivre l'Accord parfait
ut , mi , fol , ut ; on reconnoîtra facilement , & par
les mêmes raifons , que les deux Accords *fa , la ,
ut , re* ; & *re , fa , la , ut* , peuvent lui fuccéder
à peu près également bien.

Ce qui précéde peut fuffire pour fatisfaire aux trois
premiéres Queftions de M. de B.

Réflexions fur les deux dernieres Queftions
de M. de B.

Quant aux deux dernieres , elles n'ont pas un
rapport affez prochain avec mon principal objet ,
pour que je me croye obligé de donner ici les remarques que je pourrois faire à leur occafion.
D'ailleurs les différens cas qu'elles renferment , ou
que M. de B. a pu avoir en vue , ne me paroiſſent
pas défignés avec affez de précifion : je pourrois bien
ne

ne pas admettre des diſtinctions de Mode & d'Harmonie qui lui pourront paroître très - évidentes ;
comme auſſi je pourrois bien en concevoir quelques-
unes, dont il ne conviendroit pas.

Ce que je puis aſſurer en général à cette occaſi-
ſion, c'eſt que rien n'eſt plus analogue à mes idées
ſur l'Harmonie, que la ſuppoſition qu'elle abonde
en Modulations compliquées, ou telles du moins
qu'en pluſieurs cas la Modulation d'une Partie n'eſt
pas toujours exactement la même que celle d'une autre Partie, enſorte qu'on peut dire que c'eſt ſouvent le rapport, bien plus que l'identité de la Modulation des Parties, qui conſtitue l'excellence de
l'Harmonie & des Mélodies dans une Compoſition
muſicale.

Je paſſe à quelques éclairciſſemens au ſujet de la
Succeſſion fondamentale qu'on eſt plus en droit d'é-
xiger de moi.

Eclairciſſemens au ſujet de la Succeſſion fondamentale.

La ſuppoſition ordinaire que les Accords diſſonnans, auſſi-bien que le conſonnans, portent également
ſur un ſeul & unique Son fondamental, rend la Baſſe
fondamentale qui en réſulte, une ſimple ſuite de
Sons, une ſuite de Sons uniques. Mais s'il eſt vrai,
comme je penſe l'avoir ſuffiſamment prouvé, que
tout Accord diſſonnant porte néceſſairement ſur
plus d'un Son *fondamental*, (dès que cette dénomi-

nation n'eſt pas ſynonime à celle de Son *grave* d'un Accord, conſideré ſelon ſa diſpoſition ou ſous ſa face la plus uſitée) dès-lors la ſuite des Sons fondamentaux n'eſt plus une ſimple ſuite de Sons uniques, mais une ſuite de Sons, tantôt uniques, & tantôt doubles, & quelquefois même triples.

Il me ſemble qu'on peut en conſéquence donner le nom de *Contrepoint fondamental* à cette ſuite, qui dans les Accords diſſonnans doit au lieu d'un ſimple Son contenir un intervalle & quelquefois même un Accord de trois Sons, ſelon la nature & la complication de l'Harmonie. L'oreille ne goûte guéres moins dans un Accord la réunion des Sons, ſoit qu'ils ſoient générateurs l'un de l'autre; ſoit qu'ils ne le ſoient pas, comme dans la Sixte majeure & la Tierce mineure. Si en conſéquence on conſidere l'Accord parfait mineur comme contenant deux Sons fondamentaux contre un ſeul harmonique commun (*); on ſera ſouvent obligé dans les Accords diſſonnans du Mode mineur de reconnoître trois Sons fondamentaux, à moins qu'on ne veuille recourir à un Son étranger à l'Accord, à un Son qui puiſſe paſſer pour leur générateur commun, mais plus ou moins éloigné, des différens Sons qui forment cet Accord.

C'eſt ſans doute ce qui pourra paroître abſurde aux Muſiciens de pratique, qui peu en peine du fond des choſes & du ſens théorique que déſigne le terme de *fondamental*, ne regardent la Baſſe fon-

(*) Voyez le troiſiéme Eſſai.

damentale, (ainſi que je viens de le remarquer) ,
que comme la Succeſſion des Sons qui ſe trouvent
le plus ordinairement ou le plus naturellement dans
la Baſſe, ſans s'embarraſſer ſi ces Sons ſont eſſentiellement les plus graves dans les Accords qu'ils
portent ; ou s'ils ne le ſont qu'en vertu d'un renverſement, ou de l'omiſſion du vrai Son fondamental ; renverſement, omiſſion que diverſes raiſons peuvent quelquefois rendre néceſſaires, dans
les cas même les plus ordinaires où la Pratique puiſſe
employer ces Accords.

Dans l'eſprit de ces Praticiens la Baſſe fondamentale eſt une eſpece de Partie, qui ne differe
guéres d'une ſimple Baſſe, & qui ne s'execute pas
que parce qu'elle ſeroit trop ſimple & trop unifor-
me. Mais le grand objet de la Succeſſion fondamentale n'eſt pas ſeulement de nous indiquer
l'Harmonie qui exiſte ; elle doit ſur-tout ſervir à
en manifeſter le *fondement*, le principe qui la lie
tant avec ce qui précéde qu'avec ce qui ſuit.

On ne ſçauroit nier ſans doute que l'idée d'une
ſuite ſimple de Sons uniques ne ſoit, à parler en
général, une choſe plus ſimple à imaginer, qu'une
ſuite de Sons tantôt uniques & tantôt doubles, ou
même quelquefois triples (*t*).

Si notre oreille n'eût approuvé dans une Com-

(*t*) *Les Suſpenſions ou Anticipations* d'Harmonie, qui
comme par une eſpece de nuancé, entrelacent les Accords
ſucceſſifs, ſont encore propres à multiplier les Sons fonda-

polition mulicale à plulieurs Parties que des Accords confonnans, directs ou renverfés ; la Baſſe fondamentale pourroit, du moins dans le Mode majeur, ſe trouver exactement dans le cas de la plus grande ſimplicité : mais ce dégré de ſimplicité n'a plus lieu, dès que cet organe admet dans l'Harmonie ces différentes complications de Sons, qui compoſent les différens Accords diſſonnans.

Il ne dépend pas du Philoſophe ou du Phyſicien de renchérir ſur la Nature en fait de ſimplicité ; & lorſqu'il s'agit de décompoſer les produits naturels, & d'en reconnoître les vrais Principes, il ſeroit déraiſonnable d'exiger autant de ſimplicité dans l'analyſe d'un produit *compoſé*, que dans celle du *ſimple* qui entre dans ſa Compoſition.

Que l'Accord parfait majeur dépende d'un ſeul principe, d'un ſeul Son fondamental, d'un ſeul Corps ſonore, cela eſt dans la Nature ; mais il ſeroit injuſte de prétendre qu'un Accord, qui dans ſa compoſition participe eſſentiellement de l'Harmonie naturelle de deux différens Générateurs, doive ſe rapporter également à un ſeul principe, à un ſeul fondement, lorſqu'il eſt évident qu'il tient à deux, & quelquefois même à trois.

S'il ne s'agiſſoit dans cette occaſion que de conſiderer à part chacun des Accords, il n'importeroit peut-être pas beaucoup de regarder de ſi près à leurs mentaux des Accords où elles ont lieu, dès qu'on voudra en tenir compte dans la Succeſſion fondamentale.

principes, à leur fondement; il pourroit fuffire de choifir, comme on l'a fait, un des Sons de chaque Accord, celui auquel on pourroit le plus commodément rapporter les autres : mais le grand deffein de la Baffe fondamentale, eft de nous procurer la connoiffance des Loix qui regnent dans la Succeffion des Accords, &, s'il eft poffible, l'efprit de ces Loix, l'intelligence des Principes phyfiques de cette Succeffion. Or il eft aifé de s'affurer que cette intelligence dépend en bonne partie d'une attention expreffe à tous les Sons fondamentaux proprement ainfi nommés, foit qu'ils exiftent actuellement dans l'Harmonie, foit qu'ils n'y foient que fous entendus; foit qu'ils prédominent dans un Accord; foit qu'ils y foient prédominés, & en conféquence fouvent qualifiés du titre de *Diffonnance*.

L'exactitude & l'ufage des conféquences, qui réfultent de cette maniere d'étudier, & d'analyfer l'Harmonie & fes différentes Modulations, nous dédommagera fans doute fuffifamment du prétendu défaut de fimplicité dont on pourroit taxer une Méthode qui eft la feule, à mon fens, qui foit fufceptible de démonftration phyfico-mathématique.

Ufage de la Diffonnance.

Cette Méthode eft en particulier très-propre à nous éclairer fur le vrai ufage de la Diffonnance dans l'Harmonie ; elle nous fera concevoir que

l'effet de la Diſſonnance n'eſt pas ſeulement , comme
quelques Auteurs l'ont penſé, de rompre la trop grande uniformité qui régneroit dans une Harmonie
toute conſonnante ; & qu'on ne doit pas la regarder
comme *un Son* ſimplement *ajouté à l'Accord conſonnant ;* en ſuppoſant *que ce ſoit dans cet Accord
ſeul que ſubſiſte le fond de l'Harmonie* , comme M.
Rameau ſemble le dire , (*Traité de l'Harmonie* , page 422). La Diſſonnance, celle du moins qui n'eſt
pas une ſimple ſuſpenſion , a trop d'influence ſur la
Succeſſion des Accords, pour ne pas lui accorder
une bonne part au fond & au cours de l'Harmonie.
C'eſt auſſi cette influence qu'on peut regarder comme
faiſant ſon premier objet & ſon principal mérite.

Si la Diſſonnance n'eût été deſtinée qu'à modi-
fier la douceur d'un Accord conſonnant , & à produire en conſéquence une ſimple alternative d'Accords plus & moins ſuaves ; la Septiéme majeure
eût peut-être été préférable à la Septiéme mineure ;
malgré ſa dureté elle altere bien moins le fond de
l'Harmonie ; puiſque le Son qui la forme eſt directement contenu dans la Reſonnance du Son grave
avec lequel on la compare , & qui la porte (z).

Differentes idées de Baſſe fondamentale.

Cette Méthode d'ailleurs qui nous conduit à chercher l'Analyſe de l'Harmonie dans une eſpéce de

____

(z) Conformément à ce que j'ai déja remarqué à ce ſujet ,
page 58 ; & dans la Note (**) page 42.

Contrepoint fondamental , n'empêchera cependant pas que nous ne puissions aussi concevoir ,

1°. Une Basse simplement technique & méthodique, telle que celle de M. Rameau, dont nous pourrons d'autant mieux reconnoître & le vrai usage , & les exceptions , que nous serons mieux instruits de la vrai Succession fondamentale , à laquelle elle ne peut qu'être toujours subordonnée. Nous serons même en quelque sorte dispensés d'en démontrer théoriquement la Progression ; il nous suffira de son usage & de sa commodité dans la pratique , pour la justifier.

2°. Nous pourrons encore concevoir une Basse simple , mais véritablement fondamentale ; une Basse fondamentale principale , qui ne contienne dans sa Progression que des Notes simples , sçavoir , celles qui représenteront les Sons fondamentaux des Accords consonnans , & celles qui désigneront les Sons fondamentaux prédominans des Accords dissonnans , & sur lesquels Sons prédominans on pourra par des chiffres, par des lettres, ou autrement marquer les Sons fondamentaux prédominés qui les accompagnent. Je suppose au reste ici ce dont il est aisé de s'assurer, que des deux , ou quelquefois des trois Sons fondamentaux qui soutiennent un Accord dissonnant , il y en a un pour l'ordinaire qui y domine le plus sensiblement.

Cette Basse fondamentale principale qui coïncidera très-souvent, mais non pas toujours avec celle dont

M, Rameau a déterminé la Progreffion, fe trouvera;

1°. extrêmement fimple, & procédera toujours par les intervalles les plus naturels & les plus analogues aux Principes de l'Harmonie, eu égard aux différentes tranfitions de la Modulation;

2°. elle indiquera à chaque inftant le Son fondamental fur lequel l'Harmonie porte, ou entiérement ou le plus fenfiblement.

On peut donc concevoir plufieurs bonnes maniéres de noter ou de repréfenter les Sons fondamentaux d'une Piéce de Mufique.

Celle qui me paroît la plus propre pour la Théorie peut fe paffer de la *portée* ordinaire de cinq lignes, qui, quoique parfaitement bien imaginée pour la commodité de la pratique & de l'éxecution, a le défavantage de ne pouvoir pas bien repréfenter avec une feule & même Note, les différentes Octaves d'un Son; comme le fait le nom même de cette Note. On fçait, par exemple, que la fyllabe *ut*, de même que les autres *re*, *mi*, *fa*, &c. peuvent défigner indifféremment un nombre indéfini de Sons octaves les uns des autres.

C'eft ce dont on peut fe prévaloir, pour exprimer les divers Sons fondamentaux d'une maniere plus générale; mais qu'on pourra cependant déterminer, fi l'on veut, en y joignant les nombres refpectifs que le Calcul leur affignera, conformément aux Rapports numériques les plus fimples, qui puiffent être conçus entre eux.

On fçait, par exemple, que les intervalles de Douziéme & de dix-Septiéme majeure font naturelment plus harmoniques, ou plus parfaitement confonnans que ceux de Quinte & de Tierce majeure proprement dites qui les repréfentent (*a*). Ceux-ci, à la faveur de leur moindre étendue, peuvent bien fe noter plus commodément fur une feule *portée* ; mais c'eft aux premiers, aux intervalles primitifs de Douziéme & de dix-Septiéme, que font proprement relatifs les Rapports numériques les plus fimples & les plus analogues aux premiers Principes de l'harmonie.

Je n'ai pas deffein de pouffer plus loin des éclairciffemens, qui exigeroient un grand nombre d'exemples, dont les Muficiens de pure pratique me tiendroient peu compte, & que les Amateurs de la Théorie trouveront avec affez de facilité, s'ils veulent bien s'en donner le plaifir ou la peine (*b*).

Je terminerai donc ces Réflexions par une dé-

(*a*) Vû les bornes de notre faculté acouftique, on peut penfer, avec quelque raifon, que fi la Douziéme, & furtout la Dix-feptiéme majeure, font plus fuaves, plus parfaitement confonnantes que la Quinte & la Tierce majeure, qui femblent les repréfenter, celles-ci en échange font d'une Harmonie plus fenfible ou plus piquante, & gagnent, du moins en un fens, à fe trouver rammenées dans les bornes que le Principe de l'*Equiffonnance* des Octaves leur procure.

(*b*) Voyez la premiere Planche & fon explication à la fin de cet Effai.

finition de ce que je crois être l'objet de la Théorie musicale prise dans toute son étendue, & considerée comme une Science qu'on pourroit nommer pathetico-physico-mathématique.

Définition de la Théorie musicale.

La Théorie de la Musique dépend d'un certain nombre de Principes généraux assez évidens ou suffisamment constatés, & qui se trouvent continuellement compliqués dans les diverses Productions musicales.

Entre ces différens Principes, quelques-uns se rapportent à l'Harmonie proprement dite ; d'autres influent sur la Mélodie, & quelques autres enfin servent plus particuliérement à l'expression.

Principes de l'Harmonie.

Les Principes de l'Harmonie proprement dite, peuvent, ce me semble, se réduire aux trois suivans,

1. Le Principe des Rapports.
2. Le Principe de la Resonnance.
3. Le Principe de la Réminiscence.

Du Principe des Rapports.

Le Principe des Rapports mérite sans doute la premiere place, comme étant le plus général & le plus essentiel.

Les deux autres peuvent être considérés comme

Principes secondaires, quoique très-essentiels pour parvenir à une juste estimation des Rapports, qui existent entre les divers Sons musicaux, & pouvoir en conséquence faire dans tous les cas une juste application du premier Principe.

On peut regarder ce premier Principe comme un Principe mathématique ou méthaphysique : toutes nos sensations en fait de goût & d'agrément en constatent la certitude & l'influence sur nos sens ; c'est en particulier ce Principe qui donne la *Mesure* à l'Harmonie ; bien qu'on puisse encore en établir la nécessité sur des Principes plus physiques. C'est en particulier ce même Principe, qui dans le Mode détermine le *Son principal*, la Tonique, laquelle, à ne consulter que le seul Principe de la Resonnance, sembleroit devoir être celui des sept Sons du Mode, qui en est la base physique, le Son fondamental, & qui n'en est cependant que la Soudominante : ou, pour dire la même chose un peu différemment, c'est le Principe des Rapports qui procure à un premier Son donné pour Tonique une Soudominante que le Principe de la Resonnance semble lui refuser.

Du Principe de la Resonnance.

Il est aisé de se convaincre, & j'ai eu occasion de le faire remarquer en quelques endroits de cet Ouvrage, que l'estimation des Rapports qui se trouvent entre les divers Sons musicaux, soit lorsqu'ils exiſtent en même temps, ſoit ſur-tout quand ils ſont entendus ſucceſſivement, eſt une eſtimation très-défectueuſe, ſi l'on néglige ce ſecond Principe de l'harmonie, ſi l'on ne fait aucune attention aux Harmoniques, qui dans tout Corps ſonore accompagnent plus ou moins ſenſiblement le principal Son, le Son fondamental.

La recherche de la cauſe mécanique du phénomène de la Reſonnance eſt ſans doute un Problême de pure Phyſique, & même de la plus ſubtile. On peut cependant aſſurer que le principe des Rapports entre eſſentiellement dans l'explication de ce Phénomène acouſtique ſi important pour l'intelligence théorique du goût muſical : on ſçait que ce ne ſont que les Parties aliquotes d'une corde ſonore qui reſonne avec ſa totalité. On ſçait encore qu'un Corps ſonore qui agit ſur un autre Corps ſonore voiſin, ne le met en mouvement, ne le fait vibrer qu'autant qu'il a avec lui de certains Rapports.

Du Principe de la Réminiſcence.

Ce troiſiéme Principe eſt auſſi d'un uſage très-eſſentiel à l'égard des Sons muſicaux conſiderés dans leur Succeſſion : ſon effet qui peut être cenſé commencer au troiſiéme Son, a lieu dans tout le reſte d'une Compoſition muſicale.

C'eſt ce Principe qui rend agréable l'intonnation de quelques intervalles peu favoriſée des deux premiers Principes ; tels que celle de la Fauſſe-quinte , celle de la Tierce majeure en deſcendant , &c.

C'eſt ce même Principe qui fait que la Quinte en deſcendant plaît extrêmemement dans la Cadence parfaite , bien qu'elle ne ſoit point favoriſée du Principe de la Reſonnance.

C'eſt encore en bonne partie ce troiſiéme Principe qui fait valoir la Cadence irréguliere , où la Baſſe monte de Quinte : quoique favoriſée à cet égard du Principe de la Reſonnance , elle auroit bien moins l'effet d'une Cadence , qu'elle ne l'a ſans la Réminiſcence du Son principal.

Toute Compoſition muſicale forme un Syſtême de Sons ; ce n'eſt qu'à la faveur de la Réminiſcence que nous pouvons ſentir l'Enſemble & les Rapports mutuels qu'ont entre elles les différentes parties de ce Syſtême. Auſſi les anciens , Ariſtoxene lui-même, cet Antagoniſte du Calcul des intervalles, avoit ſenti, du moins juſqu'à un certain point , l'importance de ce Principe (c).

De ces trois Principes on peut déduire toutes les Succeſſions poſſibles plus ou moins ſimples , plus ou moins pratiquables d'un Son à un autre Son , & dont les plus naturelles ſont par cela même les plus propres à une Progreſſion fondamentale , ſoit ſimple , ſoit double à titre de Contrepoint fondamental.

(c) Voyez la Diſſertation de M. Burette ſur *la Melopée des Anciens*. Mém. de l'Acad. des Inſcript. Tome V. page 173.

Chacun des Sons qui compofent ainfi une Succession fondamentale, étant fuppofé repréfenter en même temps fes Harmoniques les plus naturels ; fon Octave, fa Douziéme & fa dix-Septiéme majeure, cette Succeffion exprimera dès-lors tous les Sons muficaux qui lui font harmoniquement relatifs, qui en font comme le produit naturel : elle repréfentera ainfi le fond Harmonique, où l'Art, l'Oreille & le Génie puifent toutes leurs Productions muficales, tous les Chants & tous les Accords. Mais c'eft aux Principes de la Mélodie à diriger le Muficien dans le choix des Sons & des Accords que lui offrent les Principes de l'Harmonie.

On peut faire une Table des différentes Succeffions fondamentales particulieres, en les rangeant felon l'ordre de leur degré de fuavité ou de fimplicité (*d*).

(*d*) M. Euler, dans fon Effai de Théorie Muficale, a donné une Table très ingénieufe des divers dégrés de fuavité des différens intervalles, confonnans & diffonnans ; mais comme le Principe de la Refonnance n'eft entré pour rien dans l'eftimation de ces dégrés de fuavité, cette eftimation philofophique n'a pu répondre affez exactement à celle de l'oreille ; furtout à confiderer les intervalles relativement à la Mélodie, c'eft-à-dire, dans l'intonnation fucceffive des Sons qui les compofent. Par exemple, felon la Table de M. Euler, l'intonnation d'une Tierce majeure doit être auffi *fuave*, auffi naturelle en defcendant qu'en montant ; c'eft ce que l'expérience ne confirme point. Auffi dans l'énumération que fait cet illuftre Géometre des principales conditions requifes pour former une bonne Symphonie (page 94. §. 12.) n'a-t-il fait aucune mention de la fuavité ou de l'agrément mélodique des Parties.

Èntre ſes Succeſſions il n'y en a qu'un fort petit nombre qui ſoient rigoureuſement fondamentales ; il y en a d'autres qui ne ſont telles que médiatement, c. a. d. à la faveur d'un Son mitoyen ſouſentendu ; mais qui ne laiſſe pas d'être, du moins de fait, de très‑bonnes Succeſſions fondamentales, comme celle de *ut* à *re*, de *ut* à *ſi*, &c. à la faveur du *ſol* ſouſentendu au‑deſſus d'*ut* avec lequel il reſonne. On peut donc dire des Notes *re* & *ſi* dans ce cas qu'elles ont elles‑mêmes une Baſſe fondamentale au‑deſſous d'elles, le *ſol* ſouſentendu.

Principes de la Mélodie.

La Mélodie peut être conſiderée,

1°, en elle‑même, c'eſt‑à‑dire dans une Partie priſe à part, & ſur‑tout dans une Partie principale, dans un *Sujet*.

2°. Elle peut auſſi être enviſagée relativement à une ou à pluſieurs Parties qui l'accompagnent.

1°. La Mélodie conſiderée en elle‑même, c'eſt‑à‑dire dans une ſeule Partie, dépend principalement des Principes phyſiques ſuivans, eu égard à ſa régularité ſeulement.

1. De l'étendue bornée de l'oreille ou de la faculté acouſtique, qui nous oblige de reſſerrer celle des Accords, & de nous prévaloir de l'équiſſonnance des Octaves pour en rapprocher les Sons,

& nous faciliter le sentiment de leur rapport.

2. De l'étendue encore plus bornée de l'organe vocal, lorsqu'il s'agit du Chant, ou d'une Mélodie qui en imite le caractère.

C'est à ces bornes de l'étendue de la voix qu'on doit encore rapporter ce qu'on peut appeller l'*inertie* de l'organe, c'est-à-dire cette espece de peine que la glotte éprouve dans l'intonnation des intervalles. On sçait que cet organe, à choses d'ailleurs égales, forme les intervalles avec d'autant plus de difficulté qu'ils sont plus grands (*e*), & que l'oreille ne manque jamais de prendre quelque part à cette difficulté, en vertu de la sympatie que la Nature a établie entre ces deux Organes musicaux, l'acoustique & le vocal. De-là vient que le Chant diatonique nous paroît le plus naturel & le plus gracieux, quoiqu'il procede par degrés conjoints, & par conséquent dissonans.

Lorsque la Mélodie est composée pour un Instrument artificiel, elle peut bien être faite à l'imitation d'une Mélodie vocale, & en exprimer le caractere gracieux, sur-tout lorsque la nature de l'Instrument le comporte ; mais elle peut aussi profiter de la facilité que l'Instrument donne d'y prati-

(*e*) Diverses circonstances peuvent adoucir la difficulté d'intonnation des intervalles un peu grands ; comme leur grande consonnance, la place du second des deux Sons qui le forment, relativement à l'étendue ou au medium de la voix ; & enfin le grand rapport de ce second Son avec les Sons principaux de la Modulation.

quer

quer commodément de plus grands intervalles, pour-
vu que le choix de ces intervalles soit du moins
subordonné aux limites de l'étendue de l'oreille.

2°. La Mélodie relative, c'est-à-dire considérée
dans le Rapport que diverses Parties ont entre
elles, doit varier leur marche respective, sur-tout
elle doit souvent en *contraster* les mouvemens (*f*).

1. Pour satisfaire au goût que nous avons naturellement pour le contraste, qui porte avec soi un
caractère de vie dans toute Composition de goût
où il peut se faire sentir.

2. Parce que ce contraste dans le mouvement
des Mélodies concertantes occasionne naturellement
une plus grande variété d'Intervalles & d'Accords.

3. Enfin parce que la diversité & l'opposition dans
la marche, dans le dessein des différentes parties pa-
roissant indiquer entre elles une indépendance réciproque, qui semble peu favorable aux Rapports
harmoniques, qui forment les Accords, doit en
rendre la rencontre harmonieuse d'autant plus tou-
chante, qu'elle en est moins pressentie.

C'est à l'aide de ces différens Principes qu'on peut
démontrer, mais plus physiquement ou plus mo-
ralement que mathématiquement, la cause de la
régularité & même de la beauté, soit des Mélo-

(*f*) Du grave à l'aigu, & de l'aigu au grave, dont l'oreille
a toujours quelque sentiment, quoiqu'il soit plus ou moins
distinct, selon qu'elle est plus ou moins exercée dans les sensations musicales.

G

dies principales confiderées comme *Sujets*, foit des Mélodies en général confiderées comme concertantes.

Principes de l'Expreſſion.

Une Compofition muficale réguliere, c'eſt-à-dire conforme aux Loix de l'Harmonie & de la Mélodie dont je viens d'indiquer les premiers Principes théoriques , ne peut être entiérement dénuée d'expreſſion : mais il eſt des fenfations & des paſſions particulieres que le Muficien fe propofe d'exprimer , & dont l'expreſſion la plus propre dépend d'un rapport fenfible, qu'elle peut avoir avec ces fenfations & ces paſſions.

L'Harmonie & la Mélodie ne confidérent en général dans les Sons muficaux que leur intonnation & leur durée : mais l'Expreſſion y confidere encore leur force & leur caractère , deux chofes qui varient felon la nature de l'Organe ou de l'Inſtrument fonore qui les produit , auſſi-bien que felon la maniere d'en tirer les Sons.

Au reſte , quelques Principes que la Théorie des paſſions & des fentimens , puiſſe fournir pour le choix de l'Expreſſion , il eſt à préfumer qu'un vif fentiment de ce que le Muficien voudra repréfenter , fera toujours le moyen le plus fimple , & le plus praticable pour réuſſir dans ce choix.

C'eſt à l'*Expreſſion* que tout eſt foumis en Mufique : il n'eſt pas jufqu'à la régularité , qui ne lui foit fubordonnée , & qui ne puiſſe être quelquefois

facrifiée à d'heureuſes licences dictées par le ſentiment qu'il s'agit de peindre : certains défauts d'Harmonie ou de Mélodie, le ſilence lui-même, ont leur
expreſſion.

On voit donc que la Théorie de la Muſique incomparablement plus étendue que celle de l'Harmonie
proprement dite, ne pourra être cenſée une Théorie complette & parfaite, que lorſqu'elle aura dé-
veloppé tous les Principes de l'Harmonie, de la Mélodie & de l'Expreſſion, & qu'elle en aura rendu
l'application aſſez facile dans la Pratique.

EXPLICATION
de la premiere Planche.

A   Ces trois Portées contiennent les Accords complets, avec la Basse continue, & la Basse fondamentale de l'Ex : 23. de la *Génération harmonique*.

B   Les nombres écrits sur ces trois lignes *Fa*, *Ut*, *Sol*, désignent les vrais Sons fondamentaux, le *Contrepoint* fondamental des Accords de l'Exemple A. Ces lignes au reste ne doivent être continuées qu'autant que l'exige la durée du Mode d'*ut* dont elles portent le triple fondement *fa*, *ut* & *sol* : si le Mode change, s'il monte d'une Quinte, on peut retrancher la ligne inférieure comme inutile & en tirer une quatriéme au-dessus de la troisiéme, en faveur du nouveau Son fondamental qui sera *re* ; & ainsi des autres cas à proportion. Mais on peut prolonger la ligne de la Tonique principale, qui dans une Piéce de Musique doit être présente à l'esprit d'un bout à l'autre.

On trouvera peut-être dans cette maniere d'exprimer la Succession fondamentale une image plus sensible, ou du moins plus démonstrative de la nature & des progrès de la Modulation, qu'on ne pourroit la rendre par la Note ordinaire.

C   Cet exemple contient les mêmes Sons fondamentaux *notés* comme ils peuvent l'être sur la portée ordinaire.

D   Contient les mêmes Sons fondamentaux divi-
sés en deux Progreſſions fondamentales, la Supérieure ou la Dominante , & l'Inférieure ou la Soudominante , à laquelle on peut donner le nom
de *Contrebaſſe.*

E   Cette Portée ne contient que les Notes des Sons
fondamentaux prédominans, qui compoſent ainſi la
Baſſe fondamentale principale ou prédominante :
les Guidons indiquent les Sons fondamentaux
prédominés. Lorſque deux Sons fondamentaux
pourront paroître dominer également , on notera
indifféremment celui qu'on voudra , en marquant
l'autre avec un Guidon

On voit au reſte que ces différentes manieres
d'exprimer ou de noter les Sons fondamentaux
reviennent à la même choſe quant au fond. On
peut donc choiſir celle qu'on trouvera la plus
commode ſelon l'occaſion ou l'intention qu'on
aura. Elles peuvent concourir à donner une plus
parfaite intelligence du vrai fondement de l'Harmonie & de la Succeſſion des Accords.

ESSAIS
SUR LES PRINCIPES
DE
L'HARMONIE.

TROISIÉME ESSAI.
De l'origine du Mode mineur.

Respectons Descartes, mais abandonnons sans peine des opinions qu'il eût combattues lui-même un Siecle plus tard, &c. Disc. prélim. de l'Encycl. p. 29.

La Question de l'origine du Mode mineur a été traitée d'une maniere peu satisfaisante.

LE Mode majeur est si simple & si analogue à la Théorie physique du Son, & particuliérement au Principe de la Resonnance, qu'il n'est pas difficile d'en reconnoître le fondement dans la Nature même.

Il ne paroît pas tout-à-fait aussi aisé d'assigner l'origine naturelle du Mode mineur. Entre les Auteurs qui ont écrit sur la Théorie de l'Harmonie, la plûpart ont évité de traiter cette Question, ou en ont dit si peu de chose, qu'on voit bien que ce n'a été que pour la forme qu'ils en ont fait mention.

G iiij

Quelques-uns qui se sont plus étendus sur ce sujet ont donné dans des raisonnemens obscurs ou alambiqués peu propres à satisfaire un Lecteur ami de la simplicité & de l'évidence. D'autres enfin, plus occupés à suivre le fil d'un Calcul mathématique que scrupuleux sur les Principes même de leur Calcul, se sont trouvés engagés dans des conséquences bisarres ou étrangéres à la Pratique : ç'a été le cas d'un Géometre du premier rang, de l'Auteur du Livre intitulé *Tentamen novæ Theoriæ Musicæ*, *Petropoli* 1739. M. Euler ayant entrepris dans cet Ouvrage de démontrer, ou plutôt de deviner les Loix de l'Harmonie musicale à l'aide du Calcul des Rapports & de quelques Formules algébriques très-simples, en déduit l'existence de divers Systêmes, ou Modes musicaux, & en particulier celle d'une Gamme qu'il juge être celle du Genre chromatique des Anciens (a), aussi-bien que celle du Mode mineur moderne (b).

Voici cette Gamme telle qu'on la trouve dans son Livre,

F, G, Gs, A, H, c, cs, ds, e, f.

c'est-à-dire,

fa, sol, sol☒, la, si, ut, ut☒, re☒, mi, fa.

(a) Il le nomme *Genus chromaticum veterum correctum*, p. 130.

(b) Page 233.

La feule expofition de cette Echelle diatonico-
chromatique (quelqu'en puiffe être la Tonique ou
le Son principal) dont la premiere Note, le *fa* rempli-
roit affez mal les fonctions , fuffit pour montrer que
le Calcul & les Formules de cet illuftre Géometre portent fur des Principes infuffifans & bien différens de
ceux qui affectent l'oreille. On verra aifément que
le premier Son de cette Gamme , le *fa* , ne rencontre dans les huit autres Sons qui le fuivent ,
aucune Quarte ou Soudominante , aucun *fi* b : On
obfervera encore que ce premier Son n'a pour
Tierce mineure qu'une Seconde fuperflue (*c*).

Le Calcul des Rapports le plus ingénieux & le
plus rigoureux fera toujours un Calcul dont l'oreille
ne confirmera point la jufteffe , dès qu'on aura com-
mis quelque faute confidérable dans les Principes (*d*) , dès qu'on en négligera un des plus ef-

---

(*c*) M. Euler confond fouvent les intervalles que le tempe-
ramment du Clavecin ne diftingue pas ; c'eft ainfi qu'il donne
également le nom de Triton (*Tritonus*), au vrai Triton ,
(32 : 45), & à la Fauffe-quinte, (45 : 64). Voyez *Tentam.
nov. Theor. Muf.* pages 112 , 136 , & fuiv.

(*d*)On verra à la fin de cet Effai qu'à fuivre le Principe des Ra-
ports , la formule du Mode mineur eft exactement l'inverfe de
de celle du Mode majeur , & que par conféquent , lorfque les
Nombres expriment les *vibrations* , & non les *longueurs* des
cordes , la Progreffion arithmétique qui donne les Sons du
Mode majeur , indique ceux du Mode mineur par fon renverfement en Progreffion harmonique.

fentiels. Mais le Principe phyfique de la Refonnance, dont M. Euler ne paroît point avoir tenu
compte, M. Rameau en a fenti vivement l'importance. Ce célébre Artifte non content d'exceller dans
la pratique de fon Art, a travaillé avec beaucoup
d'application & de fuccès à s'y diftinguer comme
Philofophe. On ne fçauroit fans injuftice refufer
d'applaudir à fes travaux en ce genre : on ne peut
que lui être redevable des lumieres qu'il a bien
voulu nous communiquer dans les differens Livres
de Théorie, qu'il s'eft donné la peine d'écrire &
qu'il a eu la générofité de donner au Public.

Mais s'il eft inconteftable que les Ouvrages théoriques de M. Rameau lui font un honneur qu'il ne
partage avec aucun de fes Confreres ; s'il eft certain
qu'ils ont répandu un grand jour fur l'Harmonie,
il n'eft pas moins vrai que plufieurs Lecteurs at-
tentifs y ont rencontré des difficultés confidérables,
fur - tout en fait de raifonnement, dont en mon
particulier j'avoue que quelques-uns m'ont paru,
ou trop foibles ou trop peu concluans. La maniere
dont il explique l'origine du Mode mineur, & dont
il la déduit du Principe de la Refonnance, en fournit, ce me femble, un exemple affez fenfible. On
pourra en convenir, fi l'on fait attention aux Remarques que je vais propofer fur ce fujet.

L'origine du Mode mineur dépend principalement de celle de l'Accord parfait qui le caracte-
rife : il s'agit donc d'expliquer, pourquoi l'oreille

goûte cet Accord au point de lui accorder l'épithète de *parfait*, que la nature, ou du moins le principe de la Resonnance semble réserver à l'Accord parfait majeur, comme au seul qui lui soit évidemment analogue.

Origine du Mode mineur selon M. Rameau.

L'origine que M. Rameau assigne à l'Accord parfait mineur dans la *Génération Harmonique*, & dans la *Démonstration du Principe de l'Harmonie* est la même quant au fond dans ces deux Ouvrages ; dans l'un comme dans l'autre, il trouve une *indication naturelle* de cet Accord dans le *fremissement* qu'une corde actuellement resonnante occasionne dans une corde voisine plus grave, accordée à la Douziéme, ou à la Dix-septiéme majeure au-dessous de cette premiere corde.

Mais il y a une différence essentielle entre ces deux Ouvrages quant aux preuves de l'indication supposée. Voici deux Propositions qu'on lit dans la *Génération Harmonique*, & que je ne trouve point dans la *Démonstration du Principe de l'Harmonie*.

La premiere est que le Son fondamental en émouvant les particules de l'air qui en font le $\frac{1}{3}$ & le $\frac{1}{5}$, émeut en même temps celles qui en font le triple & le quintuple (e).

La seconde affirme comme un fait d'expérience

(e) Génération Harmonique, page 32.

qu'une corde qui refonne fait *frémir dans fa tota-*
lité une corde plus grave accordée à la Doüziéme
au-deſſous de la corde refonnante (*f*).

Il n'eſt pas ſurprenant que M. Rameau ait aban-
donné dans un Ouvrage publié treize ans après celui de la *Génération Harmonique* , deux Suppoſi-
tions également gratuites, & dont la premiere eſt
une pure hypothèſe imaginée pour expliquer le fait
ſuppoſé dans la ſeconde ; fait qui véritablement
ſeroit en droit de paſſer pour vraiſemblable , ſi la
Nature ne le déſavouoit pas. Il eſt aiſé d'en faire
l'expérience , & de ſe convaincre , comme M. Rameau l'a été dans la ſuite , que dans le cas dont
il s'agit , la corde grave peut bien frémir , mais
qu'elle ne le fait jamias dans ſa totalité ; qu'il s'y trouve toujours deux points immobiles qui la diviſent en
trois parties égales. M. Rameau dans la *Dém. du*
Princ. de l'Harm. p. 21. & p. 64. & ſuivantes,
reconnoît aſſez expreſſément le repos parfait de ces
deux points (*g*).

Il étoit naturel d'abandonner une explication ,
une indication de l'origine du Mode mineur, dont
la validité dépendoit viſiblement de la vérité des
deux Propoſitions alléguées, & particuliérement de
celle du fait trop légérement ſuppoſé dans la ſeconde.

(*f*) *Ibid.* page 9.
(*g*) Voyez auſſi les Elem. de Muſique Théorique & Pratique, ſuivant les Principes de M. Rameau, p. 14.

M. Rameau résolu de déduire de la Resonnance d'un seul Corps sonore les deux genres d'Accords parfaits que nous connoissons, & les deux Modes dont ils sont le fondement, n'a pas jugé à propos de renoncer à une explication qui lui a paru le meilleur moyen de conserver au seul Principe de la Resonnance l'empire de l'Harmonie.

Nous verrons dans la suite de ces réflexions, en quel sens ce Principe physique s'accorde très-bien avec le Mode mineur, dès qu'on a saisi le vrai point de vûe de l'Harmonie en général ; dès qu'on a reconnu la duplicité fondamentale sur laquelle porte non - seulement tout Accord dissonnant ; mais peut-être encore l'Accord *parfait mineur* lui - même, à moins qu'on ne veuille en chercher la base dans un quatriéme Son (*h*), qui ne peut exister avec cet Accord, sans en détruire la *perfection*, sans le rendre dissonnant.

Examen de l'Expérience dans laquelle M. Rameau a cru découvrir une indication naturelle du Mode mineur.

Je reviens à l'Expérience dont le succès répond si mal à l'attente de celui qui y cherche une indication sensible du Mode mineur. Le merveilleux phé-

____

(*h*) L'Accord *la*, *ut*, *mi*, par exemple, peut être rapporté à *fa*, comme à sa base naturelle ou physique.

nomène que cette expérience offre aux yeux du Phy-
ficien doit nous dédommager de ce qu'elle refuſe à
l'oreille du Muſicien.

Il n'eſt pas néceſſaire d'être verſé dans la Science
qui traite des Régles de la communication du mouvement , pour comprendre qu'un Corps mû avec
vîteſſe peut par le moyen d'un autre Corps interpoſé , en émouvoir un troiſiéme qui ſoit plus grand
que le premier : c'eſt le cas de l'Expérience
dont il s'agit : ainſi l'on conçoit aiſément la poſſibilité qu'une Corde ſonore communique, par le
moyen d'un fluide élaſtique interpoſé , tel qu'eſt
l'air , une partie de ſon mouvement *vibratoire* à une
Corde très-voiſine, quoique ſuppoſée trois ou cinq
fois plus longue , mais d'ailleurs de la même matiere , de la même groſſeur & également tendue.
Il étoit par conſéquent très-naturel de préſumer ,
que ſi cette Corde triple ou quintuple étoit en effet
émue , elle vibreroit ou frémiroit dans ſa totalité ,
ſelon toute ſa longueur , mais plus lentement que
la premiere Corde , à raiſon de ſa plus grande longueur , & pourroit en conſéquence faire reſonner ,
du moins légérement , la Douziéme ou la Dix-ſeptiéme majeure au-deſſous du Son générateur , du
Son de la premiere Corde.

On ſçait que trois Sons tels que les deux plus
graves forment avec le plus aigu , l'un une Douziéme , & l'autre une Dix-ſeptiéme majeure , étant
rapprochés par leurs Octaves , formeroient en effet
l'Accord parfait mineur.

L'événement, comme je l'ai déja dit , détruit cette conjecture spécieuse ; la Nature par un mécanisme qui déroute le plus ingénieux Physicien , esquive dans cette Expérience le piége adroit que lui tend l'hypothèse ; elle présente à nos yeux deux ou quatre nœuds magiques , dont la parfaite immobilité semble braver les Loix du mouvement les plus inviolables , & d'une Corde elle en fait trois ou cinq , qui fremiffant chacune à part , ne peuvent tout au plus produire qu'autant de foibles uniffons du Son générateur.

Bien loin donc de trouver dans cette Expérience une indication fenfible & naturelle de l'Accord parfait mineur & du Mode , dont il fait le caractère ; on feroit plutôt en droit d'en préfumer qu'il ne doit pas être naturel , s'il ne nous étoit donné d'ailleurs d'une maniere moins équivoque , & indépendamment de tout renverfement (i).

M. Rameau ne pouvant plus faire valoir des vibrations partiales , qui ne fçauroient faire entendre

(i) M. Rameau dans fes *Nouvelles Réflexions fur fa Démonftration du Principe de l'Harmonie , &c.* p. 72 , fuppofe qu'on doit recevoir l'*Indication* phyfique de l'Accord parfait mineur (dont je crois avoir affez prouvé l'infuffifance) du moins par la raifon , dit-il , *qu'on n'en trouve aucune autre , fi ce n'eft par le fecours d'un renverfement qui tient tout de l'art , & rien de la nature , puifque l'Octave n'y a nullement part.* On verra dans la fuite comment l'art & la nature concourent dans la formation de l'Accord dont il s'agit ici.

ou fousentendre de Son plus grave que le Son générateur, fe trouve réduit à infifter fur la mefure, fur la longueur totale de la Corde toute divifée qu'elle eft par les points fixes. Mais cette longueur totale n'eft-elle pas l'ouvrage de l'Art, & de l'hypothèfe? La Nature ne la défavoue-t-elle pas affez clairement lorfqu'elle la détruit, lorfqu'elle la divife en plufieurs Parties, & fait ainfi que la Corde n'eft plus pour l'oreille dans fa totalité qu'un affemblage à bout touchant de plufieurs Cordes égales entr'elles, de même qu'à la premiere, qu'à celle qui occafronne leur fremiffement? Eft-ce d'ailleurs par des mefures, par des longueurs, dont l'oreille n'a & ne peut avoir aucune forte de fentiment, ou par les vibrations tranfmifes à cet organe, que nous pouvons être affectés en fait de fenfation acouftique & muficale? Pour moi je ne puis voir le fondement de l'Accord parfait mineur dans une indication auffi obfcure, auffi peu naturelle (*k*).

Expérience où la Refonnance de deux Sons aigus, produifent conjointement un Son grave.

Mais ce que la Refonnance d'une feule Corde ne produit jamais, un Son plus grave que le Son fondamental de cette Corde; deux Cordes, deux

(*k*) Il nous arrive aifément de n'être pas bien fcrupuleux fur la nature des caufes d'un fait, quand la réalité de ce fait eft d'ailleurs indubitable.

Corps

Corps fonores refonnant en même temps peuvent le faire en quelque forte avec plus de fuccès.

C'eft une Expérience dont plufieurs Muficiens reconnoiffent la vérité ; il s'agit de favoir fi elle contient une indication plus heureufe du Mode mineur , ou de l'Accord qui en fait le caractère effentiel : c'eft à ce deffein que je la rapporte.

Si deux belles voix de femme entonnent en-femble les deux Sons d'un Intervalle, d'une Quin-te , d'une Quarte , d'une Tierce majeure ou mi-neure , &c. on peut entendre en même temps une efpéce de troifiéme Son , plus grave qu'aucun des deux Sons entonnés , une forte de foible bourdon d'une intonation déterminée , & qui repréfente toujours le vrai Son fondamental de ces deux Sons.

Si l'intervalle qu'ils forment eft , par exemple , une Tierce majeure *ut*, *mi* ; on entendra *ut*, dou-ble Octave au-deffous de l'*ut* entonné , & jamais un *la* qui puiffe former un Accord parfait mineur avec les deux fons aigus.

Que fi l'intervalle eft au contraire une Tierce mi-neure *la*, *ut* ; le Bourdon grave qui en réfulte eft un *fa* , lequel forme une Dix-feptiéme majeure au-deffous de *la*, & l'Octave d'une Douziéme au-deffous d'*ut*.

Il eft aifé de voir qu'il n'y a encore dans cette

H

Expérience aucune indication naturelle de l'Accord parfait mineur ; mais qu'au contraire il y en a une très-fenfible du majeur ; puifque la Tierce majeure que le Bourdon ajoute à la mineure dans le dernier cas eft au-deffous, & forme ainfi un Accord parfait majeur, au lieu que dans le premier cas le Bourdon n'ajoûte jamais à la Tierce majeure entonnée *ut*, *mi*; la Tierce mineure en-deffous, le *la* abfolument néceffaire pour produire l'Accord parfait mineur *la*, *ut*, *mi*.

Explication de cette Expérience.

Il me paroît au refte affez aifé d'expliquer l'origine de cette efpéce de Bourdon, de ce Son grave & fondamental, qui eft ici produit par la concurrence de deux Sons aigus. Ce n'eft, à mon fens, qu'une apparence acouftique, occafionnée par la fuite des vibrations coïncidentes de ces deux Sons : M. Sauveur a donné à ces vibrations concurrentes le nom de *Battemens*, du moins dans les cas où la Diffonnance extrême de l'intervalle, en les rendant plus rares, les rend plus fenfibles ou plus diftinctes.

Ces *Battemens* n'ont pas moins lieu lorfque l'intervalle eft confonnant ; mais la rapidité avec laquelle ils fe fuccédent alors, ne permettant plus à l'oreille de les diftinguer, ou de les compter ; il en doit réfulter, non la ceffation abfolue de ces

Battemens, mais une apparence de Son grave &
continu, une espece de foible Bourdon, tel précisément qu'est celui dont il est question dans l'Ex.
périence précédente. Ce qu'il y a de bien certain,
c'est que ces Battemens, ces vibrations coïncidentes, qui se suivent avec plus ou moins de rapidité,
font exactement isochrones aux vibrations que feroit
réellement le Son fondamental, si par le moyen d'un
troisiéme Corps sonore on le faisoit actuellement
resonner. Les vibrations concurrentes doivent donc
suggérer & faciliter l'intonnation de ce Son fondamental, comme elles le font en effet ; elles peuvent même très-naturellement le répréfenter à l'o-
reille & lui en donner un sentiment actuel, quoique
foible.

Les conséquences tirées d'une Expérience ne font pas
toujours aussi nécessaires qu'elles peuvent
le paroître.

Mais s'il m'est permis de proposer ce que je
pense en général de ces sortes d'indications de la
Nature, qu'on peut trouver dans la Resonnance d'un
Corps sonore ; je dirai qu'il est aisé d'en abuser,
lors même qu'elles font réellement fondées sur l'expérience : elles font souvent équivoques, elles font
mêmes trompeuses lofqu'elles font foibles, & sur-
tout lorsque le premier Principe de l'Harmonie, le
Principe des Rapports, ne les confirme pas.

On sçait que la Resonnance d'un Corps sonore ne fait pas seulement entendre l'Octave, la Douziéme, & la Dix-septiéme majeure du Son fondamental ; mais encore un nombre indéfini d'autres Sons plus aigus, & qui sont d'autant plus foibles qu'ils sont plus aigus (*l*).

Il est certain, & M. Rameau nous assure lui-même (*m*) qu'on peut distinguer quelques-uns de ces Sons, & sur-tout celui qui faisant 7 vibrations contre une de celles du Son fondamental, n'est qu'environ d'une Quarte superflue plus aigu que le Son qui, dans le même temps en fait 5, c'est-à-dire, que le Son de la Dix-septiéme majeure. Ce Son, celui qui fait 7 vibrations, forme ainsi à l'égard du Son fondamental 1, & de ses Octaves 2 ou 4 ; une Sixte superflue assez juste comme telle. C'est

---

(*l*) On pourroit peut-être révoquer en doute l'exactitude de cette derniere Proposition, & supposer que la foiblesse sonore des Sons harmoniques dépend plus de leur dégré de dissonnance que de leur distance, que de leur dégré d'*aiguité*, à l'égard du Son principal ; que le Son harmonique, par exemple, qui dans la suite naturelle des Nombres 1. 2. 3. 4. 5. &c. est désigné par 16, est moins foible que celui qui répond à 12, que celui-ci l'est moins que celui qui est exprimé par 9, & qu'enfin ce Son 9 est lui-même moins foible que celui que désigne le nombre 7. Cette supposition me paroît peu fondée : il me suffit d'ailleurs que ce dernier Son ne soit pas absolument imperceptible.

(*m*) Génér. Harmon. p. 10 & 11. Voyez aussi l'Article 4. du Chap. 6.

d'ailleurs avec une facilité extrême qu'on tire ce Son de tous les Inftrumens , qui rendent ce qu'on appelle dans la Pratique même des *Sons harmoniques* , comme de la Trompette ordinaire , de la Trompette-marine , du Corps-de-chaffe , du Violoncelle & de tous les autres Inftrumens à archets , fur les cordes defquels on peut imiter les Sons de la Trompette-marine.

Voilà certainement en faveur de ce Son & de la Sixte fuperflue qu'il forme avec le Son fondamental qui l'engendre immédiatement, une indication de la Nature bien plus expreffe , & bien mieux conftatée que ne l'eft celle que M. Rameau donne du Mode mineur , & dont il veut que nous faffions grand cas , fous prétexte que la *Nature n'offre rien d'inutile.*

Ce Son cependant que donne la Nature , eft banni ou cenfé banni à perpétuité de l'Empire de l'Harmonie , dans le fein , dans le Principe de laquelle il a néanmoins pris fa naiffance. Cette Sentence émanée du tribunal de l'oreille eft fans doute très - jufte & très - bien fondée (*n*) : mais le feul Principe de la Refonnance n'eft guéres propre à nous éclairer fur les motifs de l'oreille dans ce juge-

(*n*) On n'a peut-être pas affez bien défini le vrai fens de cette Sentence , ou du moins on lui a donné trop d'étendue , s'il eft vrai que ce Son fût le fondement de la feconde corde du Tetrachorde enharmonique des Grecs. Voyez le deuxième Effai , p. 45 & 46.

mens ; il ne peut qu'incliner notre esprit à le regarder comme une bisarrerie de cet organe (*o*). M. Rameau se contente de dire que ce Son est *faux*, qu'il n'est pas *Harmonique* (*p*). N'est-ce pas convenir que l'indication que nous en donne la Nature elle-même dans le Principe de la Resonnance qui le produit, est une fausse indication, & que par conséquent ce Principe est un Principe trompeur. On allégueroit en vain le peu de force sonore de ce Son supposé *anti-musical* ; il ne peut guéres être plus foible que celui de la Dix-septiéme majeure, qui non-seulement n'est point faux, mais qui n'est pas même dissonnant : d'ailleurs ce Son du moins physiquement harmonique, est sans doute moins foible que plusieurs autres de ses compagnons plus aigus, qui existent aussi dans la Resonnance du même

(*o*) Il peut paroître en effet assez bisarre que les Sons désignés par les nombres 2. 3. 4. 5. 6, soient tous non-seulement musicaux, mais encore consonnans, soit à l'égard du Son principal 1, soit entre eux-mêmes ; & que celui qui vient immédiatement après, celui qui répond au nombre 7, ne soit pas même reçu dans l'Harmonie, du moins à titre de dissonnance. Sans doute que le peu de différence d'intonnation qu'il y a entre l'intervalle de Sixte superflue (4 : 7) qu'il forme avec le Son principal, & celui de Septiéme mineure (9 : 16), qui ne la surpasse que d'un petit Quart-de-ton enharmonique, a beaucoup contribué à faire regarder cette Sixte superflue comme un intervalle inutile en Harmonie, comme une fausse Septiéme. Voyez dans le deuxiéme Essai la Note (*x*), p. 47.

(*p*) Génér. Harmon. p. 62.

Corps fonore, & qui ne laiffent pas d'avoir place
entre les Sons muficaux, les uns comme confonnans, comme Répliques du Son fondamental,
de la Douziéme ou de la Dix-feptiéme majeure ;
& les autres à titre de Sons diffonnans, & cela à
la faveur & felon le genre du *Rapport* qu'ils ont
avec le Son fondamental leur générateur.

Difons plutôt que la Refonnance eft véritablement
une Mine phyfique d'Harmonie, que nous offre la
Nature ; mais que c'eft au Principe des Rapports à
en faire l'analyfe, à en extraire ce qu'elle contient
de plus parfait, ce petit nombre de Sons précieux
qui méritent feuls d'être mis en œuvre dans une
Compofition muficale. Mais quelle fera l'origine ou
le fondement du Mode mineur, fi la Nature nous
ramêne toujours au feul Mode majeur ? N'y auroit-
il donc originairement qu'un Mode en Mufique ?
Ce Genre charmant de Modulation qu'on appelle
le Mode mineur, ne feroit-il qu'une Combinaifon
de ce Mode primitif, de ce feul Mode naturel ?
C'eft ce qu'il s'agit d'examiner.

Que le Mode majeur eft en bonne partie l'Ouvrage de l'Art.

Quelque analogue que l'Accord parfait majeur
foit au Principe de la Refonnance, la Nature ne
le fait cependant entendre nulle part dans fa
pureté, c'eft - à - dire, entiérement dégagé de tout

Son étranger diffonnant ou difcordant. La triftefle qui accompagne ordinairement le Son des groffes Cloches, & l'aigreur naturelle à quelques Inftrumens bruians, paroiffent être l'effet des Harmoniques diffonnans ou difcordans, qui font partie de la Refonnance de ces Corps fonores, & qui y dominent affez pour pouvoir nous affecter défagréablement. L'art doit concourir à la perfection, à la pureté confonnante de l'Accord parfait majeur : c'eft l'Artifte qui écarte de cet Accord les Sons qui n'étant que *phyfiquement* harmoniques du Son fondamental, fe trouvent *muficalement* faux ou diffonnans, quoique contenus dans le Refonnance du même Corps fonore ; pendant qu'il retient & renforce, pour les rendre plus fenfibles, ceux-là feulement que la fimplicité de leur Rapport rend très-agréables, rend plus ou moins parfaitement confonnans, l'Octave, la Douziéme, & la Dix-feptiéme majeure.

Mais fi l'Art entre pour quelque chofe dans la formation de l'Accord parfait majeur, il concourt encore plus fenfiblement à celle du Mode qui en dérive, du Mode majeur.

On fçait que les Sons contenus dans la Refonnance d'un Corps fonore font défignés par les nombres de la fuite naturelle.

1. 2. 3. 4. 5. 6. 7. 8. 9. 10. &c.

On fçait de même qu'entre ces différens Sons,

le Son prédominant , c'eſt ſans contredit le Son fondamental 1 , que je puis nommer *fa*.

On ſçait encore que les ſept Sons qui compoſent le Mode majeur d'*ut* , ou ſa Gamme , ſont déſignés par le ſept nombres ſuivans ,

1.   3.   5.   9.   15.   27.   45.

& répondent aux Notes ,

fa , *ut* , *la* , *ſol* , *mi* , *re* , *ſi* ,

On voit que dans ce Mode ce n'eſt point le Générateur *fa* , cette baſe phyſique des Sons qu'il renferme , qui en eſt le Son prédominant , le Son principal , il lui manque une Quarte , une Soudominante , qu'il ne trouve en aucun ſens dans ſa Reſonnance , ni au grave , ni à l'aigu. On eſt donc obligé pour l'obtenir cette Quarte , ou d'avoir recours à un autre Corps ſonore qui ſoit à la Quinte au-deſſous du premier , ou de transférer à *ut*, Quinte de ce premier , le titre de *Son principal* , de *Générateur* du Mode , deux choſes que la Nature n'indique point par elle-même , c'eſt-à-dire , dans le Principe de la Reſonnance , & qui par conſéquent ſont l'ouvrage de l'Art. C'eſt ainſi que le Son *fa* qui dans la Nature eſt le principal Son , le Générateur phyſique des ſept Sons du Mode , ne comparoît plus dans le Mode conçu par le Muſicien , qu'à titre de Soudominante , que comme Quarte du Ton.

Il eſt donc évident , que , même dans la formation du Mode majeur , c'eſt l'Art qui dirigé par le Principe ou par le ſentiment des Rapports , ôte au Son *fa* , ſa qualité de Son principal , de Son prédominant ; pour en revêtir un de fes Harmoniques, fa Douziéme ou fa Quinte *ut*, & cela en vertu de la place que ce dernier Son occupe dans le Mode, & des *Rapports* plus immédiats qu'il a avec les fix autres Sons qui le compofent. C'eft donc l'Art qui réduit ainfi ce même *fa* à jouer, dans la Modulation, le rôle le moins confidérable entre les Sons fondamentaux du Mode.

On peut donc affurer dans un fens raifonnable , que ni l'Accord parfait majeur, ni le Mode majeur, ne font l'Ouvrage de la Nature fimplement ; mais celui de la Nature & de l'Art, ou ce qui revient au même, que les fuggeftions naturelles du Principe de la Refonnance font confidérablement modifiées par celles du Principe des Rapports.

De l'origine de l'Accord parfait mineur , & du Mode qui en dépend.

Dans un Accord de trois différens Sons l'oreille s'embarraffe bien moins d'y entendre un Son qui foit le Générateur phyfique des deux autres qui l'accompagnent, que d'y entendre des confonnances pures & fans mêlange fenfible de Diffonnance ; c'eft fans doute la feule, ou la principale raifon qui fait que l'Accord parfait mineur nous plaît autant, ou prefque autant que le majeur. Il n'eft peut-être pas néceffaire d'y concevoir d'autre fineffe. C'eft pour ceux à qui une idée auffi fimple ne paroîtra pas une raifon fuffifante de l'Accord parfait mineur, que j'ajoute les confidérations fuivantes.

Il eft démontré que tout Accord compofé de quatre différens Sons, & dont aucun ne fe trouve la réplique de l'autre, eft effentiellement un Accord diffonnant, c'eft-à-dire, un Accord qui fait entendre en même temps fix Intervalles, entre lefquels il en eft au moins un qui fe trouve néceffairement diffonnant. On ne fçauroit ajouter à l'Accord parfait majeur *ut*, *mi*, *fol*, un quatriéme Son quelconque, qu'il n'y introduife de la Diffonnance : il n'y a même que deux Sons *la*, ou *fi*, qui foient chacun dans le cas de n'y introduire qu'une feule Diffonnance, qu'un feul intervalle diffonnant.

Il fuit de-là que les Accords diffonnans de Septiéme tant mineure *la*, *ut*, *mi*, *fol* ;
que majeure   *ut*, *mi*, *fol*, *fi* ;
peuvent chacun être rendus confonnans, en en retranchant, foit le quatriéme Son ajouté *la* ou *fi*, foit le Son *fol*, ou *ut* avec lequel ce Son ajouté forme un Intervalle diffonnant. Dans le premier cas l'Accord redevient naturellement ce qu'il étoit, Accord parfait majeur *ut*, *mi*, *fol* :

Dans le fecond il fe trouve Accord parfait mineur
la, *ut*, *mi*, ou *mi*, *fol*, *fi* ;

On voit d'ailleurs que les deux Accords parfaits,

ut, *mi*, *fol* ;   *la*, *ut*, *mi* ;

contiennent précifément les mêmes Intervalles confonnans ; ils forment chacun une Quinte, une
Tierce majeure, & une Tierce mineure, & ne différent par conféquent que dans une circonftance
peu effentielle pour l'oreille, que dans l'ordre des
deux Tierces qui divifent la Quinte.

L'Expérience, qui feule nous affure de la réalité
du Principe de la Refonnance, pouvoit feule auffi
témoigner de la force ou de la foibleffe de fon
influence fur l'oreille : or cette même Expérience
démontre que des deux Accords confonnans

fa, *la*, *ut* ;   *la*, *ut*, *mi* ;

le premier quoique plus naturel, ou plus analogue
à ce Principe phyfique, en ce qu'il retient le Son
fondamental *fa*, ne nous plaît guéres plus que le
fecond, *la*, *ut*, *mi* ; où l'abfence de ce même *fa*
(1) fait place à *mi* (1 5), c'eft-à-dire à un de fes
Harmoniques phyfiques ou diffonnans. Tel eft l'effet du Principe des Rapports.

S'il étoit poffible de trouver un nouvel Accord
confonnant, compofé de trois Sons, & qui différât
effentiellement, c'eft-à-dire, autrement que par un
fimple renverfement, des deux Accords parfaits
connus, on auroit lieu fans doute de fe flatter
d'avoir trouvé un nouveau Mode, dont il formeroit le caractère particulier. Mais c'eft à quoi on ne
fçauroit parvenir fans le fecours d'un Intervalle
confonnant différent de ceux que nous connnoif-
fons, Intervalle dont le Principe des Rapports dé-

montre suffisamment l'impossibilité, dès que le premier Intervalle qui se présente, celui qui est désigné par le Rapport 1:7, ou 4:7, & qui est supposé faux & *antimusical*, est tout au moins très-dissonnant.

Ce qu'il importe de remarquer ici, c'est que des deux dispositions

$$\overset{3}{ut}, \overset{5}{la}, \overset{15}{mi} ; \quad \& \overset{10}{la}, \overset{12}{ut}, \overset{15}{mi} ;$$

qu'on peut donner aux trois Sons de l'Accord parfait mineur ; la premiere $\overset{3}{ut}, \overset{5}{la}, \overset{15}{mi}$, qui paroît & qui est en effet la plus analogue au Principe de la Resonnance par rapport au Son fondamental *fa*, ne paroît plus si naturelle, lorsque ce Son fondamental est actuellement retranché : c'est la seconde disposition $\overset{10}{la}, \overset{12}{ut}, \overset{15}{mi}$, qui se présente alors à l'oreille avec le plus de succès. La raison n'en est pas difficile à reconnoître. L'oreille bien plus affectée de ce qu'elle entend actuellement, que d'un Son fondamental qu'elle ne sousentend qu'obscurément (q), lorsqu'il ne resonne pas actuellement, doit se déclarer pour l'arrangement de ces trois Sons qui, sans en altérer les Rapports, s'accorde dans un autre sens plus sensiblement avec le Principe de la Resonnance ; elle préfére donc la disposition d'Accord *la, ut, mi*, qui lui présente plus clairement deux Sons fondamentaux, *la & ut*, portant un seul Harmonique consonnant *mi*, qui

(*q*) A l'aide de cette espece de très-foible Bourdon, dont nous avons fait mention ci-devant, p. 112. & suiv.

l'eſt immédiatement de tous les deux ; qui eſt Quinte de l'un, & Tierce majeure de l'autre. Cette diſpoſition a d'ailleurs divers avantages conſidérables
dans la Pratique, & particuliérement dans la formation du Mode mineur ; d'abord elle rapproche
autant qu'on peut le deſirer les trois Sons de l'Accord dont il s'agit, qui dans la premiere diſpoſition *ut*, *la*, *mi*, occuperoit néceſſairement l'é-
tendue d'une Dixiéme majeure, à moins que par

le renverſement de la Quinte *la*, *mi*, en Quarte,
on ne le réduiſît à cette forme *ut*, *mi*, *la* ; ou par
un renverſement encore plus grand à cette autre
forme *mi*, *la*, *ut* ; deux formes, deux diſpoſitions que la Pratique prouve d'ailleurs être ſujettes
à de trop grandes difficultés, pour pouvoir être em-
ployées dans les Accords principaux, & ſur - tout
au commencement ou à la fin d'une Piéce, à titre
d'Accords caractériſtiques du Mode.

C'eſt donc à l'Accord diſpoſé dans cet ordre,
la, *ut*, *mi*, qu'il appartient le plus naturellement
d'être à la tête d'une Modulation mineure.

Mais ſi, comme nous l'avons dit, les deux premiers Sons *la*, & *ut*, qui naturellement ne ſont
point fondamentaux l'un de l'autre, le ſont tous deux
de leur Harmonique commun *mi*, dès-lors nous
pouvons reconnoître dans le Mode mineur de *la*,
une Modulation double, une Complication très-

heureufe du Mode d'*ut* majeur , comme fubalterne avec celui de *la* , comme principal. L'union de ces deux Modes qui fe trouve occafionnée très-naturellement par le double emploi harmonique du *mi* (*r*), Quinte de l'un , & Tierce majeure de l'autre , eft encore cimentée par les égards réciproques que ces deux Modes ont l'un pour l'autre. Dans cette Société harmonique le Mode de *la* prédomine naturellement fur celui d'*ut*, à la faveur de la Confonnance parfaite de la Quinte, dont chacun de fes trois Sons fondamentaux *re* , *la* , & *mi* , fe trouve pourvû ; pendant que ceux du Mode d'*ut* , *fa* , *ut* , & *fol* , doivent fe contenter de trouver leurs Tierces majeures dans ces mêmes Sons *la* , *mi* , & *fi* , qui forment les Quintes des Sons fondamentaux du Mode de *la*. En échange ces mêmes Sons fondamentaux renoncent ordinairement à leurs Tierces majeures *fa* ⚹ , *ut* ⚹ , *fol* ⚹ , pour faire place aux fondamentaux *fa* , *ut* & *fol* , du Mode fubalterne fon affocié.

Mais il eft un cas où les deux Modes ne peuvent plus fympatifer enfemble , & font obligés de fe donner réciproquement l'exclufion : ce cas a lieu dans l'acte d'une conclufion ou d'une cadence parfaite. Dans cette occafion, le Mode de *la* ne peut

(*r*) Cette duplicité harmonique de *mi* le rend fans doute ici un Son plus confidérable ou plus *dominant* qu'il ne l'eft dans le fimple Mode majeur de *la* ; ou, ce qui eft la même chofe, que ne l'eft *fol* dans le Mode majeur d'*ut*.

conferver fa qualité de Mode prédominant, qu'en muniffant fa Dominante *mi*, de tous les Sons effentiels à l'énergie d'une conclufion en fa faveur, qu'en reprenant en particulier fa tierce majeure *fol* ✕, au préjudice du *fol naturel* Dominante d'*ut*. Cette fubftitution eft d'autant plus indifpenfable que ce dernier Son, ce *fol naturel* ne peut être entendu avec les Sons *fi* & *re*, fans faire en faveur de la Tonique fubalterne *ut*, une diverfion trop fenfible ; puifqu'il ne s'agit plus dans l'Accord *mi*, *fol*, *fi*, *re*, que de fubftituer un *fa* au *mi* (*ſ*) pour former l'Accord *fol*, *fi*, *re*, *fa* ; qui conftitue la cadence *fenfible* & parfaite du feul Mode d'*ut*.

On voit donc que dans l'Accord diffonnant *mi*, *fol* ✕, *fi*, *re*, de la Dominante *mi*, la Modulation ceffe d'être mixte, elle abandonne ce qu'elle tenoit du Mode d'*ut*, pour fe renfermer dans le feul Mode majeur de *la*.

Cette exclufion du Mode fubalterne, qui fimplifie alors la Modulation, fe déclare fouvent dans l'harmonie que porte la Soudominante principale *re*, lorfqu'elle précéde l'Accord fenfible de la Dominante *mi*. En ce cas on abandonne très-fouvent, en faveur d'un Chant diatonique, la Soudominan-

---

(*ſ*) On peut auffi remarquer dans ce cas que l'intonnation du *re* doit être conçue monter d'un Comma, pour devenir Quinte jufte de *fol* ; ce qu'il n'eft pas exactement dans le Mode mineur de *la*.

te

té fubalterne *fa* , pour lui fubftituer le *fa* ✕ , foit comme Tierce majeure de ce *re* , foit comme Quinte de *fi* Quinte de la Dominante *mi* (*t*). Mais comme l'effet de la Soudominante , & de ce qui l'accompagne dans la Modulation n'eft pas à beaucoup près auffi *fenfible* , auffi concluant pour l'indication du Mode que l'eft l'harmonie de la Dominante ; le Muficien eft fouvent en liberté de conferver encore dans l'harmonie de cette Soudominante *re* , la duplicité du Mode , & d'y laiffer le *fa* naturel , lors même que l'Accord *fenfible* de la Dominante *mi* , *fol* ✕ , *fi* , *re* , doit fuivre immédiatement.

De ce que nous venons d'obferver fur l'origine ou fur la formation en partie naturelle & en partie artificielle de l'Accord parfait mineur , & du Mode qui en dépend , on peut inférer qu'il y a deux maniéres d'en concevoir la Baffe fondamentale.

La premiere c'eft de confiderer les trois Sons ,
$\overset{10}{la}$, $\overset{11}{ut}$, $\overset{13}{mi}$, comme trois Harmoniques plus ou moins immédiats d'un feul Son fondamental , de *fa* (*u*) toujours omis dans l'execution en faveur

(*t*) Lorfque le *fa* ✕ eft admis dans l'Accord renverfé de la Soudominante *re* , dans l'Accord de Septiéme *fi* , *re* , *fa* ✕ , *la* , il peut fouvent être regardé comme un Son du Mode de *mi* ; comme la Quinte de la Dominante *fi* , conformément à ce que nous avons obfervé à ce fujet dans le fecond Effai , p. 73 & fuiv.

(*u*) L'expérience rapportée ci-devant , p. 112 , prouve que

I

de la parfaite Confonnance, qu'un quatriéme Son, quel qu'il foit, ne peut manquer d'altérer.

Dans la feconde maniere de concevoir le fondement de ces trois Sons , on n'a pas befoin de recourir à un Son foufentendu ; on trouve dans l'Accord même deux Sons fondamentaux *la* & *ut*, qui rencontrent dans *mi*, l'un fa Quinte, & l'autre fa Tierce majeure : on voit en ce cas, que celui de ces deux Sons fondamentaux, le *la*, qui eft au grave, & qui porte la Confonnance la plus parfaite, a droit d'être cenfé le principal.

Cela une fois entendu ; s'il s'agit de noter les Sons fondamentaux d'un Accord parfait mineur felon cette feconde façon d'envifager cet Accord, il fuffira pour l'ordinaire, & en faveur de la commodité de l'expreffion, d'écrire le principal de ces

l'Accord parfait mineur *la*, *ut*, *mi*, ne peut être exactement entonné qu'il n'occafionne quelque léger fentiment de deux foibles Bourdons fondamentaux, *fa* & *ut*, mais dont le premier doit par deux raifons être le plus perceptible,

1°. parce qu'il eft plus difficile de diftinguer un fi foible Son, lorfqu'il eft replique au grave d'un des Sons de l'Accord entonné, que lorfqu'il ne l'eft pas. Or il y a un *ut* dans l'Accord, & il n'y a point de *fa*.

2°. c'eft que les trois Sons *la*, *ut*, *mi*, étant tous trois harmoniques de *fa*, concourrent tous auffi à en fuggérer le fentiment ; au lieu que *la* n'étant point harmonique d'*ut*, ne peut concourir avec les deux Sons *ut*, *mi*, à fortifier le fentiment du foible Bourdon *ut*, déja trop difficile à diftinguer de l'*ut* entonné qui eft fa double Octave.

deux Sons, toutes les fois du moins que le caractère de la Tierce qui l'accompagne sera d'ailleurs suffisamment décidé, pour qu'on puisse sousentendre le Son fondamental adjoint qui la forme.

Ces deux maniéres de noter la Basse fondamentale, qui ne différent proprement que dans la différente façon de considerer une seule & même chose, peuvent concourir à nous faire découvrir en plusieurs cas le fondement de certaines Successions d'Accords, qui, quoique très-agréables à l'oreille, pourroient d'ailleurs paroître plus irregulieres qu'elles ne le sont en effet.

Autre maniere de considérer la formation du Mode mineur.

Le Mode mineur, quant à sa formation, peut être encore présenté sous un autre point de vûe, dans lequel il importe aussi de le considérer. On peut donc le concevoir comme l'Inverse du Mode majeur.

Pour bien concevoir en quel sens cela doit s'entendre, il est nécessaire de faire un moment abstraction du Principe de la Resonnance, & de n'avoir égard dans l'assemblage des Sons du Mode qu'au Principe des Rapports, en ne considérant dans le Corps sonore que le Son principal ou fondamental.

Dans cette supposition les deux Sons d'un In-

I ij

tervalle quelconque, comme d'une Quinte par exemple, ne doivent plus être censés générateurs l'un de l'autre dans un sens physique, & dans ce cas le passage du Son aigu au Son grave de cette Quinte doit être conçu tout aussi facile, tout aussi naturel que le passage du grave à l'aigu (x), car le Rapport $3:1$; ou $1:\frac{1}{3}$ est tout aussi simple que son Inverse $1:3$; $\frac{1}{3}:1$.

Il en seroit de même de la Tierce majeure, puisque pareillement le Rapport $5:1$ est tout aussi simple que le Rapport $1:5$.

On peut faire ce même raisonnement à l'égard de tout autre Intervalle, dans la supposition précédente, qu'un Son musical soit un Son simple & unique.

Il suit de-là qu'un Son quelconque étant donné & désigné par 1, on ne peut concevoir un ou plusieurs autres Sons au-dessus de ce premier Son, qu'on ne puisse aussi en concevoir précisément au-

---

(x) On suppose que dans l'intonnation dont il s'agit, l'oreille ne soit pas prévenue par une impression antérieure; puisqu'en ce cas l'intonnation de la Quinte en descendant comme de *sol* à *ut*, peut, malgré le Principe de la Resonnance, devenir plus agréable ou plus naturelle que celle de la Quinte en montant de *sol* à *re*, comme on l'éprouve dans le cas de la Cadence parfaite où l'oreille est prévenue en faveur d'*ut*, comme Tonique du Mode.

C'est ainsi que l'effet de la Réminiscence d'un Son principal l'emporte souvent sur l'impression actuelle de la Resonnance du Son présent.

tant au-deſſous, qui faſſent avec lui les mêmes intervalles au grave que ceux-là font à l'aigu.

Or de même que les Sons déſignés par les nombres,

$$1. \quad 3. \quad 5. \quad 9. \quad 15. \quad 27. \quad 45.$$
font les ſept Sons,

fa, *ut*, *la*, *ſol*, *mi*, *re*, *ſi*,

du Mode direct ou majeur d'*ut*, qui rangés diatoniquement en commençant par *ut*, forment la Gamme *aſcendante*,

ut, *re*, *mi*, *fa*, *ſol*, *la*, *ſi*, *ut* :

pareillement les nombres renverſés, c'eſt-à-dire, les fractions,

$$1. \quad \frac{1}{3}. \quad \frac{1}{5}. \quad \frac{1}{9}. \quad \frac{1}{15}. \quad \frac{1}{27}. \quad \frac{1}{45}.$$
déſigneront également bien les ſept Sons

ſi, *mi*, *ſol*, *la*, *ut*, *re*, *fa* :

d'un Mode inverſe ou mineur de *mi* ($\frac{1}{3}$), qui tient ici la place de *ut* Tonique du premier Mode, du Mode direct. Ces Sons rangés diatoniquement en commençant par *mi*, compoſent la Gamme deſcendante

mi, *re*, *ut*, *ſi*, *la*, *ſol*, *fa*, *mi*,

du Mode inverſe de *mi* ($\frac{1}{3}$).

Obſervation ſur les Formules de M. Euler, qui repréſentent les Sons du Mode majeur, & ceux du Mode mineur.

Je remarquerai en faveur des Muſiciens Géométres, qui peuvent connoître l'Ouvrage de M. Euler sur la Théorie de la Musique, que si la Formule algébrique qui indique l'assemblage des Sons du Mode majeur, devoit être $2^m . 3^3 . 5.$ comme le suppose cet illustre Mathématicien ; celle qui désigne l'assemblage des Sons du Mode mineur, devroit en conséquence être exactement Son inverse $\dfrac{1}{2^m . 3^3 . 5}$, plutôt que cette autre $2^m . 3^3 . 5^2.$ C'est cette dernicre Expression, qui a donné à M. Euler la Gamme bizarre, dont j'ai fait mention au commencement de cet Essai. Mais comme la Formule $2^m . 3^3 . 5.$ donne un Son de trop, le Fs, ou *fa* ✕ (135), qui appartient essentiellement à un Mode transposé, au Mode de *sol*, dont il est Note sensible ; cette expression pour être juste, pour ne désigner que les sept Sons du Mode majeur, doit être réduite à ce Binome $2^m . 3^3 . + 2^m . 3^2 . 5$; & par conséquent la Formule des sept Sons essentiels au Mode mineur pourra pareillement être réduite à cet autre Binome $\dfrac{1}{2^m . 3^3 .} + \dfrac{1}{2^m . 3^1 . 5}.$ M. Euler dans son Calcul des Rapports numériques qui ont lieu entre les Sons musicaux (*y*) relativement à un premier Son donné, exprimé par l'unité (1), n'a tenu compte que de ceux qui sont donnés au-dessus de

(*y*) On se souviendra que c'est sur le nombre des vibrations des corps sonores dans un tems donné, & non sur la longueur des cordes, que portent les rapports numériques dont il s'agit ici, de même que dans le reste de cet Ouvrage.

eette unité par les nombres entiers de la suite naturelle ,

$$2 . \ 3 . \ 4 . \ 5 . \ 6 . \ 7 . \ \&c.$$

& a négligé leurs Inverses , c'eſt-à-dire , ceux qui
forment la Progreſſion harmonique ou fraction-
naire ,

$$\tfrac{1}{2} \cdot \tfrac{1}{3} \cdot \tfrac{1}{4} \cdot \tfrac{1}{5} \cdot \tfrac{1}{6} \cdot \tfrac{1}{7} , \ \&c.$$

Cette omiſſion de ſa part n'a que très-foible-
ment remédié à un défaut eſſentiel qu'elle pallie ,
à ſon inattention au Principe de la Reſonnance.
Ce Principe phyſique ne ſuggére en effet , à la
ſuite d'un Son donné , d'un Son fondamental ou
principal (1) , que des Sons plus aigus , tels que
ceux qui ſont déſignés par les nombres entiers ,

$$1 . \ 3 . \ 4 . \ 5 . \ 6 . \ 7 . \ \&c.$$

au lieu que le Principe des Rapports nous préſente
également , & les Sons à l'aigu ,

$$2 . \ 3 . \ 4 . \ 5 . \ 6 . \ 7 . \ \&c.$$

& les Sons au grave ,

$$\tfrac{1}{2} \cdot \tfrac{1}{3} \cdot \tfrac{1}{4} \cdot \tfrac{1}{5} \cdot \tfrac{1}{6} \cdot \tfrac{1}{7} , \ \&c.$$

du premier Son (1) , donné comme premier terme ,
comme terme de comparaiſon.

C'eſt dans ces deux Suites ou Progreſſions également données par le Principe des Rapports , que ſe
trouve l'égale poſſibilité de deux Modes , qui
ſoient exactement inverſes l'un de l'autre.

Le Principe de la Reſonnance , plus favorable à la
premiere de ces deux Suites qu'à la ſeconde , eſt ſans
doute le ſeul Principe propre à démontrer théorique-

ment, lequel de ces deux Modes doit nous paroître le plus naturel, & mériter mieux en conséquence le titre de Mode direct.

On peut donc penser avec raison que dans la supposition qu'un Corps sonore ne rendît qu'un Son simple, qui dans le sens physique ne mériteroit plus le titre de Son fondamental, n'étant accompagné d'aucun Harmonique ; on peut, dis-je, penser en ce cas que tout ce qui pourroit se faire dans un sens, c'est-à-dire, au grave ou à l'aigu d'*ut* pris pour Tonique du Mode direct de C-sol-ut, pourroit également, & tout aussi naturellement se pratiquer dans le sens contraire à l'égard de *mi* pris pour Tonique du Mode inverse d'E - la - mi.

Que si cela n'a pas exactement lieu dans la réalité, comme la Pratique & l'oreille le prouvent assez, c'est dans le Principe de la Resonnnance que nous en pouvons découvrir la véritable raison. C'est ce Principe qui modifie l'effet musical des Rapports des Sons, en nous faisant sentir la relation physique qui existe entre eux comme, par exemple, entre les deux Sons qui forment la Quinte de *la* à *mi*, dans le Mode inverse, & qui donnant au Son grave *la*, la qualité de Son fondamental, dépouille en même temps *mi* du titre de Son principal, de Note tonique, pour en revêtir ce Son grave, malgré l'avantage que le Son *mi* semble avoir sur le *la*, à ne consulter que le Principe des Rapports.

Ce que le Principe de la Resonnance produit

à l'égard de la Quinte *la*, *mi*; il opére encore fur les deux autres Quintes *re*, *la*; & *mi*, *fi*, du Mode inverfe, & fait en conféquence que le Mode d'E - la - mi n'eft guéres pratiquable que fous la forme peu différente du Mode mineur d'A-mi-la.

C'eft ainfi que les deux Principes, celui des Rapports & celui de la Refonnance, peuvent être conçus concourir à la formation du Mode mineur de *la*.

On voit en même temps que l'effet du Principe de la Refonnance fe fait plus fentir dans la formation du Mode majeur, & celui du Principe des Rapports dans celle du Mode mineur : quoique dans l'un & l'autre de ces deux Modes on puiffe remarquer l'influence compliquée de ces deux Principes.

EXPLICATION

des Exemples de la seconde Planche.

Le but de ces Exemples eft de faire comprendre plus aifément le Rapport d'*inverfion* qu'il y a entre le Mode majeur & le Mode mineur.

On y trouvera donc une repréfentation fenfible de la fimilitude *inverfe* de ces deux Modes. L'af. femblage, le Groupe harmonique des Sons du Mode majeur (A) contient deux colonnes, dont la premiere renferme les quatre Sons les plus effentiels à la Modulation confidérée en général. Ces Sons *fa*, *ut*, *fol*, *re*, qui font à la Quinte les uns des autres, je les nomme les *Modulateurs* : on voit que *fa* & *re* en font les deux extrêmes, l'un au grave & l'autre à l'aigu.

La Seconde colonne offre les trois autres Sons du même Mode *la*, *mi*, *fi*, Tierces majeures des trois *Modulateurs fa*, *ut*, *fol*. On fçait que l'ufage de ces trois Sons *la*, *mi*, *fi*, dans la Modulation, eft principalement de l'enrichir, en la caractèrifant.

Ce Groupe harmonique eft ainfi compofé de trois *Triades* harmoniques.

La Supérieure ou la Dominante *fol*, *fi*, *re* :
La Moyenne ou la Principale *ut*, *mi*, *fol* :
L'Inférieure ou la Soudominante *fa*, *la*, *ut*.
On voit que *fol* eft un Son commun à la Triade

supérieure & à la Triade moyenne, & que *ut* l'est
de même à cette Triade moyenne & à l'inférieure. On
voit encore à quel point & en quel sens les deux
principaux Accords dissonnans (B) & (C) du Mode
majeur, celui où la Dominante prédomine *sol*,
si, *re*, *fa* ; & celui où la Soudominante prédomine *fa*, *la*, *ut*, *re* ; se ressemblent : d'un côté
c'est la Triade Supérieure *sol*, *si*, *re*, à laquelle
on ajoute le Modulateur extrême au grave, *fa* ;
& de l'autre c'est la Triade inférieure *fa*, *la*,
ut, à laquelle on ajoute *re*, Modulateur extrême à
l'aigu.

Le Son que ces deux Accords rendus ainsi dissonnans annoncent chacun le plus naturellement,
c'est le *Modulateur* qui n'entre pas dans leur composition ; ainsi c'est

ut, que le premier Accord *sol*, *si*, *re*, *fa*,
& *sol*, que le second Accord *fa*, *la*, *ut*, *re*,
annoncent le plus naturellement.

Le Groupe harmonique D du Mode mineur est
exactement l'Inverse de celui du Mode majeur,
c'est-à-dire, qu'il présente en descendant de l'aigu
au grave précisément les mêmes Intervalles que ce-
lui-la présente en montant du grave à l'aigu.

Tout Accord du Mode majeur ou direct devient
ainsi par un pareil renversement un Accord du Mode
inverse, du Mode mineur. C'est ce que les Exemples
E, F, G, H, I & K, rendront peut-être encore plus
sensible, si après les avoir lûs comme ils se presentent

d'abord naturellement, on renverse le Livre pour les lire comme ils s'offriront alors, en supposant, comme on voit dans les Exemples, la même clé de G-re-sol, (ou celle de F-ut-fa sur la quatriéme ligne), & en diézant dans le renversement les *sol* qu'on voudra rendre Notes sensibles.

Le petit chevron Λ dans l'exemple K, indique, quand il se présente ainsi debout, la possibilité de *bémollifer* la Note à laquelle il est joint ; & au contraire lorsqu'il paroît renversé v sous la forme d'un v consonne, il désigne la possibilité, ou la nécessité de diézer la Note à laquelle il se rapporte, pour la rendre Note sensible.

De ces Exemples on peut présumer, avec raison, qu'une infinité de traits de Melodie & d'Harmonie qui n'ont été composés que pour être lus dans un sens, pourront se trouver encore très-bons, si on les lit dans le sens contraire, dans le sens que présente le renversement du Livre, en imaginant alors les clés convenables, relativement à celles qui se trouvent dans le premier sens de la Composition.

Il seroit superflu d'indiquer ici toutes les clés qui conviennent au renversement des différens Tons : on les trouvera assez facilement, si l'on se souvient que la Note qui désigne la Tonique d'un Mode majeur dans un sens, doit toujours se trouver la Dominante d'un Mode mineur dans le sens contraire, & *vice verfâ.*

On trouvera en conséquence, par exemple, que pour renverser de la Musique notée sur la clé de G-re-sol sur la seconde ligne avec trois diézes, on peut dans le renversement imaginer la même clé de G-re-sol, mais sur la premiere ligne, & sans diéze ni bé-mol.

S'il est vrai, comme il est aisé de s'en assurer, que quantité de traits de Musique se trouvent naturelle-ment susceptibles du renversement dont il est question, sans aucun dessein de la part du Compositeur, on concevra à plus forte raison la possibilité de composer des morceaux de Mélodie & d'Harmonie propres à être lûs & exécutés dans les deux sens, dès qu'on le fera de dessein formé (ʒ). Il est vrai qu'on trouvera dans cette espèce de Composition à double lecture di-verses difficultés d'Harmonie à l'égard du progrès des Dissonnances, des changemens de modulations, des cadences, & de ce qu'on appelle Notes de passage. Mais si les difficultés de ce genre de Composition en resserrent la pratique dans des bornes trop étroites, sur-tout à l'égard de l'Harmonie, l'intelligence du *Ren-versement* ou de *l'inversion* que j'indique, ne laissera pas d'être agréable, & de fournir des considérations importantes pour la Théorie : elle peut même être très-utile à un Compositeur quant à la Mélodie, du moins en cas de stérilité de génie, ou de lenteur d'i-magination : on peut aisément se convaincre que la

(ʒ) L'exemple K en contient un foible échantillon, en attendant une Symphonie à quatre Parties que M. de Moram-bert vient de composer dans ce Genre, & qu'il se propose de publier incessamment.

Méthode du renverſement appliquée à des chants déja faits , ſuggére une infinité de bonnes phraſes muſicales , qui paroîtront abſolument neuves , & dont il ne ſera pas bien difficile de tirer parti dans la pratique ordinaire de la Compoſition.

Fin du troiſiéme Eſſai.

LETTRE

A l'Auteur du Mercure de France, sur la nature d'un Mode en E-si-mi naturel, & sur son rapport, tant avec le Mode majeur, qu'avec le Mode mineur.

MONSIEUR,

LA lecture de l'ingénieuse Lettre que M. Rousseau vous a adressée à l'occasion du nouveau Mode de M. Blainville, m'engage à vous communiquer les remarques que j'ai faites sur le même sujet; elles tiennent à une nouvelle Théorie de l'Harmonie dont j'ai formé l'ébauche, & qui n'est peut-être pas indigne de l'attention des Amateurs intelligens. J'aurois souhaité pouvoir accompagner mes idées des preuves qui les soutiennent; mais les bornes que je dois me prescrire dans cette occasion, m'obligent à ne vous donner que très-succinctement le résultat de mes réflexions.

Il me paroît donc que ce Mode d'*E-si-mi* naturel, (qu'on peut nommer Mode *sémi-mineur* pour désigner en même-tems la nature de sa seconde (*a*), & celle de sa tierce) n'est autre chose que le Mode majeur

______

(*a*) qui est d'un *Semiton*.

exactement renversé (*b*). C'est ce qu'on pourra concevoir si l'on compare les Gammes de ces deux Modes ; on trouvera que l'une est précisément le *Contrepié* de l'autre , c'est-à-dire, que la Gamme

mi , fa , sol , la , si , ut , re , mi ,

du Mode sémi-mineur procéde en montant exactement par les mêmes Intervalles , par lesquels celle de *C-sol-ut* procéde en descendant, & *vice versâ.*

Ce principe découvre la nature du Mode sémi-mineur, le genre d'harmonie qui lui convient, & le dégré de perfection ou d'imperfection qu'on doit lui assigner : il fournit, en un mot, des réponses à la plûpart des questions qu'on peut faire à ce sujet. Voici les principales conséquences qui découlent de ce principe.

La Quarte *la* de ce Mode doit y dominer au point d'en paroître la *Dominante* , puisqu'elle est la Quinte du Mode majeur renversée.

Cette Quarte acquiert même , en vertu du renversement , des prétentions à la qualité de Tonique , parce que les conditions qui dans le Mode majeur concourent à donner cette qualité à un seul & même Son , se trouvent ici partagées après le renversement entre deux Notes *mi* & *la.*

Les droits de *mi* sont fondés sur une sorte d'accord *sensible* qui l'annonce , & dont *la* est privé (*c*) ; & la

(*b*) Voyez le troisiéme Essai p. 131, & les Exemples E & F de la seconde Planche.

(*c*) Le renversement dont il s'agit ici ne donne point de *sol*♯.

Note

Nôte *sensible* comprise dans cet Accord est la seconde *fa*, qui doit descendre sur sa Tonique *mi*, par la raison même que dans le Mode majeur, c'est *si* qui doit monter à *ut* (*d*).

Malgré cet avantage, *mi* considéré comme Tonique, est sujet à une assez grande difficulté quant à l'harmonie qu'il doit porter, en ce que celle (*e*) que lui donne le renversement, le prive du titre de Son fondamental, qu'elle transfére à *la* sa Quinte au-dessous (*f*).

Il faut par conséquent avoir recours aux expédiens pour lever du moins en apparence cette difficulté. On peut donc pour cet effet emprunter un ou deux Sons (*g*) étrangers à l'harmonie que *mi* porte naturellement en conséquence du renversement ; mais je présume qu'il vaudra mieux s'en tenir à un de ces deux Sons, sçavoir à *sol* qu'on pourra justifier à l'aide du rapport qui se trouve entre le nouveau Mode & le Mode majeur d'*ut* ; à moins qu'on ne veuille prendre le parti de commencer & de finir toutes les parties à l'unisson.

A l'égard des autres sons de ce Mode, il n'y aura qu'à suivre tout uniment le genre d'harmonie que donne le principe du renversement.

(*d*) Le renversement dont il s'agit ici, qui change *ut* en *mi*, convertit *si* en *fa*. Voyez l'Exemple F. Pl. 2.

(*e*) *La*, *ut*, *mi*. Voyez l'Exemple E, Pl. 2.

(*f*) Ou sa Quarte au-dessus.

(*g*) *Sol* & *si*.

K

Les prétentions de la Quarte *la* à la qualité de Tonique, nous affecteront sans doute au point de nous
faire desirer le seul Son qui lui manque pour com-
pletter son Accord *sensible* (h), sçavoir Nune ote *sensible*, qui dans ce cas-ci ne peut-être que *sol*𝄪. L'addition
de ce seul nouveau Son suffit parfaitement pour décider en faveur de *la* la qualité de vraie Tonique. Dès
lors par conséquent nous sommes dans le Mode mineur d'*A-mi-la*, dont l'excellence & la perfection dépendent en bonne partie du grand goût de *tonicité*
que sa Quinte *mi* y retient encore, à la faveur de
cette sorte d'Accord *sensible* (i) qui lui est propre,
& qu'elle conserve dans ce Mode.

Voilà, Monsieur, les principales conséquences
qui émanent du Principe que j'ai d'abord posé ; elles
méritent, ce me semble, quelque attention ; elles
conduisent natnrellement à une Théorie lumineuse
du Mode mineur, & particuliérement à une explication élégante & très-simple de l'Accord dissonnant
de Septiéme diminuée (k), qne j'ai vainement cher-
ché ailleurs : elles servent même à éclaircir diverses
questions relatives au Mode majeur.

(*h*) L'Accord qui annonce avec énergie le Son *la* comme
Tonique.

(*i*) L'Accord *si*, *re*, *fa*, *la* ; que donne le renversement
de l'Accord *sol*, *si*, *re*, *fa* ; Exemple G. Pl. 2.

(*k*) L'Accord *sol* 𝄪, *si*, *re*, *fa* ; contient en quelque sorte
deux notes sensibles, *sol* 𝄪 & *fa* ; celle-ci ne fait pas moins
pressentir la Dominante *mi*, que celle-là la Tonique *la*.

Ces vérités me paroiffent affez importantes pour mériter d'être mieux dévelopées : c'eft auffi ce que j'ai deffein de faire dans un petit Ouvrage théorique, fi du moins j'ofe aller contre la prévention où l'on eft naturellement à l'égard d'un homme qui traite une matiere qu'on foupçonnera étrangere à fa profeffion , & à qui on fe croira en droit de donner l'avis charitable *age quod agis :* n'importe , je crois que foutenu d'une évidence démonftrative, j'aurai le courage de braver ce préjugé, quelque plaufible qu'on l'imagine. Je pourrai même faire plus , je me réfoudrai peut - être à publier un fyftême de *Baffe fondamentale* , qui me paroît plus fimple , plus jufte & plus complet que celui qui nous a été donné par un des plus célébres Muficiens du fiécle , & le feul Théorifte qui me foit connu.

A cet échantillon de Théorie pourroit bien encore fuccéder un Effai plus relatif à la pratique , un projet d'un nouveau genre de Compofition à *double exécution* , dont l'effet dans un fens différe abfolument de l'effet dans le fens contraire , tant pour le Deffein que pour la Modulation (*l*).

Brevis effe laboro ;

Obfcurus fio.

Je fuis , &c.   *Philxtius.*

(*l*) Voyez le troifiéme Effai , p. 140 & 141.

REFLEXIONS

Sur la supposition d'un troisiéme Mode en Musique ; pour servir de réponse à l'Observation de M. de Blainville, insérée dans le Mercure du mois de Novembre 1751. (a)

JE renonce au nom de Philætius, qui pour être Grec ne m'en a pas moins rendu un mauvais office dans l'esprit de M. B. Je voulois m'annoncer pour un homme qui aime à connoître les causes des choses , & en particulier celles du plaisir musical : malheureusement ce mot signifie aussi un ami de la chicane : M. B. l'a entendu en ce dernier sens , l'a pris pour un nom de guerre , & m'a supposé en conséquence l'odieux dessein de nuire à la fortune du troisiéme Mode.

Il est vrai que la découverte d'un nouveau Mode distinct du majeur & du mineur m'a paru sujette à quelques difficultés que j'ai cru pouvoir proposer sans desobliger M. de Blainville.

Quand on cherche la vérité , on aime les objections raisonnables bien plus qu'on ne les craint ; j'ai cru que les miennes étoient de ce genre. M. B.

(a) La Replique de M. de Blainville à ces Réflexions est dans le Mercure du mois de Mai 1752 , p. 137 & suiv.

penſoit-il qu’on ne devoit parler du nouveau Mode que pour le féliciter de ſa découverte ?

Mais je dois avertir, pour éviter toute équivoque, que par M. B. je n’entends pas tout-à-fait M. de Blainville : on m’aſſure que le ſtyle de *l’Obſervation* ne reſſemble pas aſſez à celui dont elle porte le nom, & qu’on n’y reconnoît pas toute ſa douceur, ni toute ſa politeſſe ; M. B. ne doit donc paſſer ici pour M. de Blainville, qu’autant que celui-ci reſſemble à l’Auteur de cet Écrit.

Ce qui me fâche, c’eſt que M. B. me met dans la néceſſité d’attaquer quelques idées, qui ſont certainement de M. de Blainville, dont j’eſtime le mérite & les talens ; je puis même l’aſſurer que j’ai entendu ſa Symphonie avec des diſpoſitions auſſi favorables, & peut-être avec autant de plaiſir qu’aucun de ſes amis.

A l’égard du Mode d’*E-ſi-mi* naturel, ou pour mieux dire, d’*E-la-mi*, puiſque la Quarte y domine plus que la Quinte, je lui voulois tout le bien poſſible, comme ayant beaucoup de rapport à mes idées ; & j’euſſe été charmé que M. B. eût réuſſi à lever les difficultés que je concevois dans la ſuppoſition d’un troiſiéme Mode : mais par malheur ces difficultés ſubſiſtent encore, malgré la publication de l’*Eſſai ſur un troiſiéme Mode*, & malgré l’*Obſervation* à laquelle je réponds, moins pour la réfuter, que pour développer ce qu’il y a de vrai dans les idées de M. B. & le dégager du nébuleux, dont

l'inexactitude de fa Dialectique me paroît l'obfcur-
cir.

Il eft aifé de s'affurer que des divers Sons qui
font contenus dans les deux Modes naturels d'*ut*
& de *la* ; *ut* & *mi* font ceux qui ont le plus de rapport harmonique avec les autres , *ut* dans le Mode
majeur , & *mi* dans le mineur : on peut donc dire
avec vérité que dans ce Mode-ci , ce n'eft pas la
Tonique *la* , mais la Quinte *mi* , qui en eft comme l'ame ou le centre harmonique , fur - tout fi
fa ✕ & *fol* ✕ font compris dans le nombre des Sons
de ce Mode , auquel ils font néceffaires , s'ils ne lui
font pas effentiels. Le Son *mi* eft donc dans un
fens vrai le principal Son du Mode mineur , comme *ut* l'eft dans le majeur : or la difpofition la plus
naturelle d'une Gamme , c'eft d'en arranger les
Sons diatoniquement en commençant par le principal Son , par celui qui eft le plus relatif aux autres , dont il doit faciliter l'intonnation : il fuit de-là
que les deux Gammes les plus naturelles font d'un côté,

    ut , *re* , *mi* , *fa* , *fol* , *la* , *fi* , *ut* ;
& de l'autre , *mi* , *fa* , *fol* , *la* , *fi* , *ut* , *re* , *mi*.

Ces deux Echelles diatoniques font exactement
inverfes l'une de l'autre dans le fens indiqué par
Philetius. Selon M. B. il feroit plus naturel de penfer que ces deux Gammes ne différent que parce
que l'une commence par la troifiéme Note de l'autre : mais il feroit aifé de prouver le peu d'exactitude
de cette penfée , & de démontrer que le *re* de la fe-

conde Gamme n'eſt point à l'uniſſon du *re* de la premiere, qu'il eſt eſſentiellement plus bas d'un *Comma.*

Si dans la Théorie de M. B. les Comma ſont
des minuties, ils ne paſſent pas pour tels dans la
mienne : je ſuis trop convaincu qu'en fait de Succeſſion harmonique, le ſentiment de l'oreille ne céde
en fineſſe à aucun calcul, quelque puiſſe être l'indulgence de ce merveilleux organe à l'égard de la
préciſion de l'exécution. On pardonne au Sculpteur
& au Peintre de prendre une artére pour une veine,
mais non pas à l'Anatomiſte.

Quoiqu'il en ſoit de l'importance de cette diſtinction, M. B. peut s'appercevoir que je ſens auſſi
bien que lui tout le mérite de *mi* & de ſa Gamme ;
je penſe même que les Grecs, qui faute de connoître l'Harmonie proprement dite, rapportoient tout
à la Mélodie, ont pû regarder cette Gamme, comme la plus naturelle & la plus ſuſceptible du chromatique, qui dérive des differens emplois que l'Harmonie aſſigne à la Note *mi*, plus qu'à toute autre :
je conçois donc, que ſi nous étions encore auſſi no-
vices en fait d'Harmonie que l'étoient les Grecs ,
l'idée des Modes ſeroit uniquement relative à la Mélodie, & nous ſerions en droit de regarder le Mode d'*E-la-mi*, comme un Mode auſſi légitime que
celui d'*ut* & de *la* ; mais avec cette différence qu'il
y auroit entre le Mode de *mi* & celui de *la* un
rapport intime, & qu'ils ſeroient dans le cas de ne
différer que par le choix du Son initial, qui dans un
cas ſeroit *mi*, & dans l'autre *la.*

[152]

Ces confidérations peuvent fuffire pour engager
M. B. à préfumer que j'ai fait quelques réflexions
fur la Mélodie en général , & fur celle des Grecs
en particulier ; quoique je fois bien éloigné d'être
parvenu à cette *Théorie fuivie & exacte* du Chant
Grec , qu'il annonce comme digne de notre attention.

Mais fi mes idées s'accordent en gros affez bien
avec ce que nous connoiffons de la Pratique des
Anciens ; fi ma Théorie découvre ce qu'il y a de
vrai dans celle de M. B. & qui lui eft fuggérée par
une oreille *qui fent toute l'énergie des chants ;* elle
ne s'accorde malheureufement pas fi bien avec les
flatteufes conféquences qu'en tire fa Logique.

Quelque confidérable que foit le rôle de *mi* dans
l'Harmonie auffi bien que dans la Mélodie , je ne
puis en conclure que cette Note doive paffer pour la
Tonique d'un nouveau Mode , d'un Mode diftinct
du majeur & du mineur.

On reconnoît un Mode à fes cordes effentielles.
C'eft à M. B. à nous indiquer celles du troifiéme
Mode , s'il veut nous aider à en faire la diftinction :
c'eft auffi fans doute ce qu'il fait , lorfqu'il nous dit
que ce Mode *paffe de la Tonique à fa Quatriéme ;
delà à la Sixiéme , & à fon Octave :* d'où il eft aifé
de conclure que les Cordes effentielles du nouveau
Mode doivent être ces quatre , ou plutôt ces trois
Notes *mi , la , ut , mi ;* c'eft-à-dire , précifément les
mêmes que celles du Mode mineur d'*A-mi-la.*

Il étoit naturel d'ouvrir la Symphonie dans le

[153]

ñouveau Mode par l'Accord propre & caractéristi-
que de ce Mode *mi*, *la*, *ut*, *mi* ; mais cette Méthode trop naturelle ne faisoit pas le compte de l'In-
venteur d'un troisiéme Mode ; l'identité fâcheuse de
cet Accord avec celui du Mode mineur , des deux
Modes n'en eût fait qu'un. M. B. en homme prudent
fait taire un Accord aussi indiscret ; il a recours à
un des deux expédiens conjecturés par *Philatius* , &
prend le parti de débuter par un Accord mutilé &
ambigu, qu'iL emprunte de l'Harmonie voisine : c'est
à l'aide de cette substitution , de cette économie
harmonique , que M. B. nous introduit dans le prétendu nouveau Mode , en nous faisant passer par la
porte entr'ouverte d'un vieux Mode attenant.

Quelque mérite qu'il y ait eu à imaginer un ex-
pédient dont la Musique de nos Ancêtres, fournit
assez d'exemples ; il n'y a rien dans ce tour d'Harmonie & encore moins dans le reste de la Symphonie , qui indique un nouveau Mode.

Si M. B. qui entend si bien les termes de l'Art ,
eût exactement défini les mots de *Mode* & de *Modulation* , il auroit pû comprendre que tout ce qu'il
allégue pour établir la réalité d'un troisiéme Mode ,
ne prouve que celle d'une Modulation équivoque
plus ancienne que nouvelle , & la possibilité de composer une agréable Symphonie , en s'écartant à quelques égards de la régularité de la pratique moderne. Il en est de la Composition musicale comme
de la Composition dramatique ou pittoresque ; on
peut y réussir sans en observer scrupuleusement tou-

tes les Regles : les unes font des loix, les autres ne font que des confeils. Le Génie excufe l'irré-gularité, mais ne la confacre pas.

La même Théorie qui démontre les priviléges de *mi*, fur-tout dans le Mode mineur, prouve auffi qu'en fait d'Harmonie cette Note porte toujours fur *ut* ou fur *la*, qui en font la Baffe naturelle & fon-damentale ; & qu'elle n'a jamais elle - même cette qualité que dans les Modes tranfpofés.

Que la Mélodie dicte un chant, un fujet qui commence & finiffe par *mi* ; c'eft ce qu'elle eft bien en droit de faire, mais c'eft à l'Harmonie, & nulle-ment à la Mélodie d'en prefcrire la vraie Baffe.

M. B. eft fort raifonnable là-deffus ; il reconnoît ingénument que l'Harmonie n'eft point favorable à la fuppofition d'un troifiéme Mode ; auffi ce Mo-de a-t-il la prudence de la récufer pour Juge, *il ne veut être décidé que par la Mélodie*, dit M. B. C'eft à lui à prouver que le nouveau Mode a droit d'en appeller du Tribunal de l'Harmonie à celui de la Mélodie, d'un Tribunal fupérieur à un Tri-bunal inférieur : M. B. fait bien mieux, il nie cette fupériorité ; *la Mélodie*, dit-il, *a bien plus de force fur l'oreille que l'Harmonie*. Foible reffource, s'il eft vrai que la force de la Mélodie foit dérivée de celle de l'Harmonie ; les Sons muficaux font en quelque forte les fruits de l'Harmonie ; la Mélodie ne fait que cueillir ceux qui fe trouvent à fa bienféance, & comme fous fa main, mais elle ne les produit pas.

A fuivre la Méthode de M. B. toute Note qui peut commencer & terminer un Chant aura droit de s'ériger en Note tonique d'un Mode mélodique ; le Mode majeur d'*ut* nous en procurera trois de ce genre, *ut*, *mi*, *fol*, & le mineur de *la*, tout autant *la*, *ut*, *mi* ; puifque ces fix Sons fuivent chacun une route mélodique particuliere plus ou moins différente de celle des autres : il ne s'agira que de fecouer le joug de l'Harmonie, qui prétend les enchaîner & les renfermer dans les deux feuls Modes qu'elle reconnoît.

M. B. me reproche, avec quelque raifon, d'avoir donné au nouveau Mode une dénomination qui lui paroît louche, celle de *femi-mineur*; *femi*, *en terme de l'Art*, c'eft M. B. qui parle, *veut dire moindre de moitié*, *on dit femiton*, *&c.* Il fait tout de fuite les conjectures les plus agréables fur ce que j'ai pû prétendre par cette épithéte, comme fi je n'en euffe pas dit le mot. Pour profiter des leçons de M. B. fur les termes de l'Art, je dois lui dire qu'il n'a fait qu'une *femi* - lecture de l'endroit qu'il critique, je l'y renvoye ; je le prie auffi de corriger Broffard, qui dans fon Dictionnaire explique les anciens mots techniques *femidiapafon*, *femidiapente*, de façon à faire croire qu'il n'entendoit pas mieux que moi le vrai fens du mot *femi*.

A propos de *louche*, fi le troifiéme Mode l'éroit lui - même, ce feroit bien pis : l'épithéte de *mixte*, que j'approuve fort, pourroit avec raifon paroître contradictoire à celle de *troifiéme*, & les

Antagoniftes du nouveau Mode pourroient bien s'en prévaloir au préjudice de fa nouveauté.

J'ai dit que le Mode femi-mineur d'*E-la-mi*, n'étoit que le Mode majeur exactement renverfé. *Quelle idée !* s'écrie M. B. Je vois bien qu'il ne donne pas dans le Conte des Antipodes. Il n'a point compris le Renverfement exact du Mode majeur, & moins encore l'idée de le prendre pour principe ; c'eft donc une chimère indigne de fa Critique. Il n'appartient qu'à un Don Quichotte de s'armer contre des phantômes ; mais ce Héros burlefque étoit auffi un intrépide défenfeur de la gloire de fa chere Dulcinée, Princeffe équivoque pour laquelle beaucoup d'honnêtes gens n'avoient pas tous les égards dûs à fa Principauté. Dans ce monde chacun a fa marotte ; je ferai redevable à M. B. & à tout autre honnête homme qui m'éclairera fur la mienne.

Je fuis fâché de ne pouvoir entrer préfentement dans l'explication des idées que *Philætius* a propofé un peu laconiquement dans fa Lettre ; je tâcherai de le faire dans une occafion plus favorable. Il eft vrai que je ne penfois pas que ce qu'il en dit, dût être une énigme auffi obfcure pour un Muficien Théorifte ; je n'imaginois pas qu'on pût être bien fçavant en Mufique, fi l'on ignoroit la place des Tons majeurs & mineurs, & fi l'on fuppofoit par exemple que la feconde Note du Mode mineur eft d'un *Ton mineur :* cette fuppofition de M. B. fe trouve à la vérité très-conforme à ce que nous enfeigne l'*Effai fur un troifiéme Mode* de l'origine des

Gammes ; mais elle n'en eſt pas plus juſte.

M. B. aura remarqué ſans doute , pour revenir à une comparaiſon, dont il m'a occaſionné l'idée , que le Sculpteur & le Peintre doivent être un peu Anatomiſtes , & ſçavoir beaucoup d'Oſtéologie & de Myologie , mais qu'on les diſpenſe du reſte , c'eſt-à-dire , de tout ce que l'Anatomie & la Phyſiologie ne découvrent dans le corps humain qu'à l'aide du ſcalpel , du microſcope & du raiſonnement : mais je ne ſçai s'il a aſſez ſenti la différence qu'il y a entre la Pratique de la Compoſition muſicale & la Théorie de cet Art : je doute qu'il ait compris quelle doſe de Geométrie , de Phyſique & de Métaphyſique doit accompagner la connoiſſance de la Pratique pour en parler en Théoriſte ; je doute qu'il ait une juſte idée de cet eſprit de recherche , d'analyſe & de combinaiſon que la Philoſophie donne à peine à ſes partiſans , ſi la Nature n'en a fait les premiers frais , & ſans lequel cependant les connoiſſances que je viens de nommer ne ménent pas bien loin dans le merveilleux labyrinte de l'oreille.

Il ne s'agit cependant pour s'orienter dans tous les tours & détours de ce labyrinthe accouſtique , que de ſaiſir le vrai fil de l'Harmonie , que de découvrir la véritable route de la Succeſſion fondamentale. Cette route doit être , à mon ſens , ſi naturelle & ſi analogue à ce que nous connoiſſons de la nature & du rapport des Sons , qu'il ſera également impoſ-ſible aux Théoriſtes & aux Praticiens de la mé-connoître , dès qu'on la leur indiquera clairement :

en attendant je les invite à réfléchir fur la propofition fuivante.

L'Accord parfait porte feul fur un feul Son fondamental , mais tout Accord diffonnant s'appuye
fur un double fondement , fur deux Sons fondamentaux.

Ce Principe bien entendu conduit à un fyftême
fort fimple de Baffe ou de Succeffion fondamentale ; & par ce moyen fraye le chemin à une Théorie de l'Harmonie, qui répond toujours également
au fentiment de l'oreille & à la précifion du calcul.
C'eft ce que je tâcherai de démontrer lorfqu'il en
fera queftion.

Une Théorie Aftronomique , qui fous prétexte
d'une plus grande fimplicité ne reconnoîtroit dans la
Terre qu'un mouvement , le mouvement diurne ,
par exemple , feroit très-défectueufe & très-inférieu-
re à la Théorie qui en admet deux , le mouvement
diurne & le mouvement annuel.

On tâcheroit vainement d'expliquer le flux & re-
flux de la Mer par la feule action de la Lune , à
l'exclufion de celle du Soleil.

Il me paroît également difficile de donner une
Théorie exacte de l'Harmonie , en ne reconnoiffant
qu'un feul Son fondamental pour chaque Accord
diffonnant. En vain prétendroit-on renchérir fur la
fimplicité de la Nature. Ce n'eft pas l'unité ou le
très-petit nombre de Principes ; c'eft la certitude &
la jufte application de ceux qui exiftent réellement ,
qui forment les bonnes Théories.

[159]

C'eſt à l'inobſervation de cette maxime qu'on
doit, ce me ſemble, attribuer l'imperfection & l'obſ-
ſcurité des ſyſtêmes théoriques de Muſique qui ont
paru juſqu'à préſent, malgré les efforrs louables des
grands hommes qui ont travaillé en ce genre.

PRIVILEGE DU ROI.

LOUIS par la grace de Dieu, Roi de France & de Na-
varre, à nos amés & féaux Conſeillers les Gens tenans
nos Cours de Parlement, Maîtres des Requêtes ordinaires de
notre Hôtel, Grand Conſeil, Prevôt de Paris, Baillifs, Sé-
néchaux, leurs Lieutenans Civils, & autres nos Juſticiers qu'il
appartiendra, SALUT. Notre amé le Sieur SERRE, Nous a
fait expoſer qu'il deſireroit faire imprimer & donner au Public
un Ouvrage qui a pour titre : *Eſſais ſur les Principes de l'Harmonie* : s'il Nous plaiſoit lui accorder nos Lettres de Permiſ-
ſion pour ce néceſſaires. A CES CAUSES, voulant favorablement traiter l'Expoſant, Nous lui avons permis & permet-
tons par ces Préſentes, de faire imprimer ledit Ouvrage en
un ou pluſieurs volumes, & autant de fois que bon lui ſemble-
ra, & de le faire vendre & débiter par-tout notre Royaume
pendant le temps de trois années conſécutives, à compter du
jour de la date des Préſentes. Faiſons défenſes à tous Imprimeurs, Libraires, & autres perſonnes de quelque qualité &
condition qu'elles ſoient, d'en introduire d'impreſſion étrangere dans aucun lieu de notre obéïſſance: A la charge que ces
Préſentes ſeront enregiſtrées tout au long ſur le Regiſtre de
la Communauté des Libraires & Imprimeurs de Paris, dans
trois mois de la date d'icelles; que l'impreſſion dudit Ouvrage
ſera faite dans notre Royaume & non ailleurs, en bon papier
& beaux caracteres, conformément à la feuille imprimée &
attachée pour modele ſous le contre-ſcel des Préſentes; que
l'Impétrant ſe conformera en tout aux Reglemens de la Librai-
rie, & notamment à celui du 10 Avril 1725 : qu'avant de
l'expoſer en vente, le Manuſcrit qui aura ſervi de copie à l'impreſſion dudit Ouvrage, ſera remis dans le même état où l'Approbation y aura été donné, ès mains de notre très-cher & féal
Chevalier Chancelier de France, le Sieur de Lamoignon, &

& qu'il en fera enfuite remis deux Exemplaires dans notre Bi-
bliotheque publique , un dans celle de notre Château du Lou-
vre , un dans celle de notre très-cher & féal Chevalier Chancelier de France le Sr de Lamoignon , & un dans celle de notre
très-cher & féal Chevalier Garde des Sceaux de France le Sieur
de Machault , Commandeur de nos Ordres : le tout à peine de
nullité des Préfentes ; du contenu defquelles vous mandons &
enjoignons de faire jouir ledit Expofant ou fes ayans caufe,
pleinement & paifiblement ; fans fouffrir qu'il leur foit fait aucun trouble ou empêchement. Voulons qu'à la copie des Pre-
fentes qui fera imprimée tout au long au commencement ou à
la fin dudit Ouvrage, foi foit ajoutée comme à l'Original.
Commandons au premier notre Huiffier ou Sergent fur ce ré-
quis de faire pour l'exécution d'icelles tous Actes requis & néceffaires, fans demander autre permiffion, & nonobftant Cla-
meur de Haro, Chartre Normande, & Lettres à ce contraires : Car tel eft notre plaifir. DONNE' à Verfailles le 15 Septembre, l'an de grace 1752, & de notre Regne le trente-feptiéme.
Par le Roi en fon Confeil. SAINSON.

*Regiftré fur le Regiftre XIII. de la Chambre Royale & Syn-
dicale des Libraires & Imprimeurs de Paris, N°. 46. fol.
29. conformément au Réglement de 1723. qui fait défenfes
article IV. à toutes perfonnes de quelque qualité qu'elles foient,
autres que les Libraires & Imprimeurs, de vendre, débiter &
faire afficher aucuns Livres pour les vendre en leurs noms, foit
qu'ils s'en difent les Auteurs ou autrement ; & à la charge de
fournir neuf Exemplaires à la fufdite Chambre, prefcrits par
l'article 108. du même Réglement. A Paris le 26. Septembre
1752. B. BRUNET, Adjoint.*

Fautes à corriger.

Page 37. *dans la Note,* Quinte, *lif.* Fauffe quinte. P. 81. *lig.* 21 , le,
lif. les. P. 87. *lig.* 7. vrai, *lif.* vraie. P. 95. *lig.* 1. fes, *lif.* ces. P. 116.
lig. 4. *de la Note,* diftance, que, *lif.* diftance ou.

Nota. L'Obfervation *fur les Formules, &c.* page 133, doit être regardée
comme une efpece de parenthèfe que fa longueur n'a pas permis de laiffer
au rang des Notes : elle finit à la troifiéme ligne de la page 136. Ainfi ce
qui fuit doit être confidéré comme la continuation de l'Article qui précede
l'Obfervation.

De l'Imprimerie de la Veuve de CLAUDE SIMON.

Accords complets de l'Exemple 23. dans la Gen. Harm.

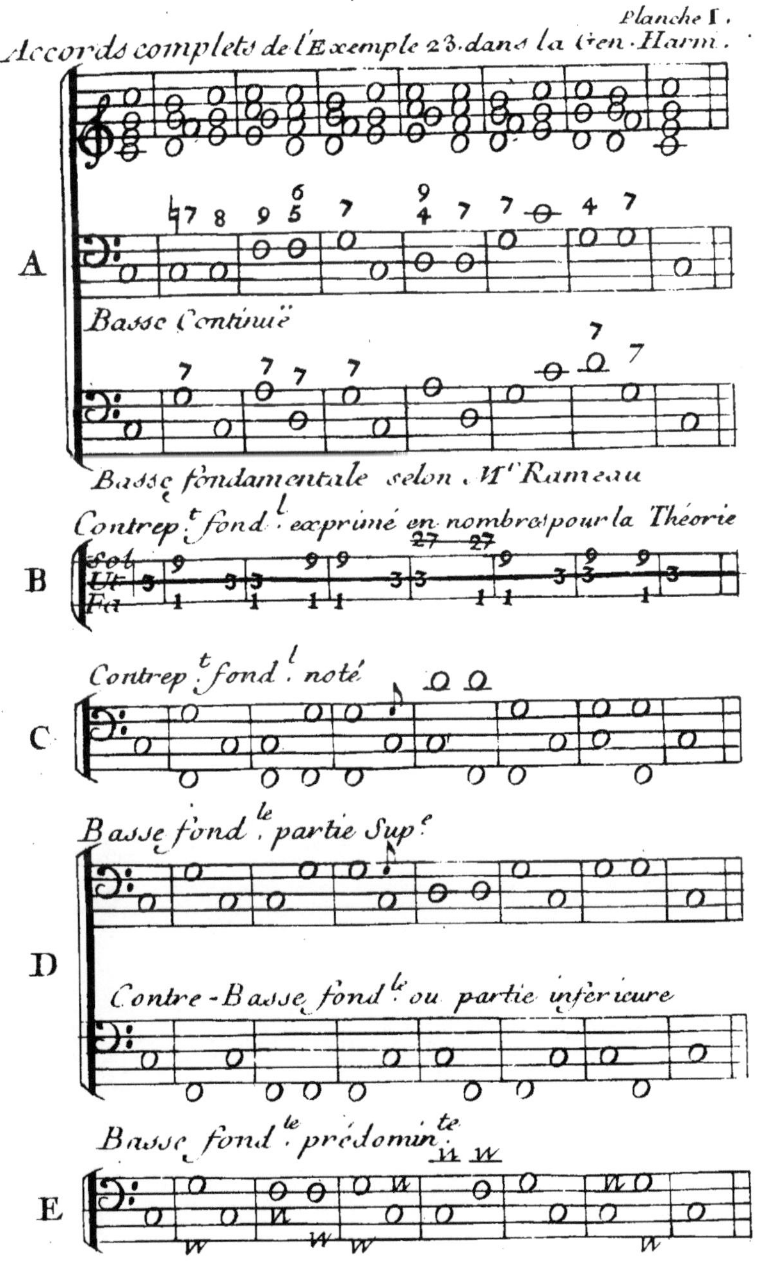

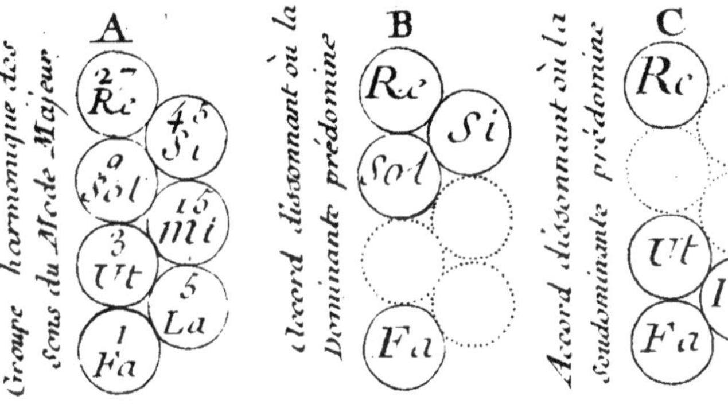
A
Groupe harmonique des Sons du Mode Majeur
2⁷ Re
4⁵ Si
9 Sol
15 Mi
3 Ut
5 La
1 Fa
B
Accord dissonnant où la Dominante prédomine
Re
Si
Sol
Fa
C
Accord dissonnant où la Sousdominante prédomine
Re
Ut
La
Fa

D
Groupe harmonique des Sons du Mode Mineur
1 Si
1/5 Sol
1/3 Mi
1/15 Ut
1/9 La
1/45 Fa
1/27 Re
E
F
G
H
I

K

www.ingramcontent.com/pod-product-compliance
Ingram Content Group UK Ltd.
Pitfield, Milton Keynes, MK11 3LW, UK
UKHW021633170726
13836UKWH00005B/2173